Minutengymnastik *easy*

Minutengymnastik *easy*

Von Andrea Schick

humboldt

Sport & Fitneß

humboldt-Paperback 985

Die Autorin:
Andrea Schick, Diplom-Sportlehrerin, arbeitet hauptberuflich als Fotoreporterin für überregionale Zeitschriften und Zeitungen. Seit ihrem fünften Lebensjahr betreibt sie Sport, zunächst Kunstturnen, dann Fitneß-Training und Bodybuilding. Sie hat TV-Erfahrung (Joyrobic, ZDF), belegte zweimal den ersten Platz bei überregionalen Bodybuilder-Meisterschaften und tritt mit eigener Tanzgruppe auf Messen auf. Seit über zehn Jahren ist sie Aerobic-Ausbilderin, seit kurzem auch Leiterin des Cardio Fitness Clubs in Starnberg.

Ich bedanke mich herzlich bei der Journalistin Frauke Fligge für die Erstellung des Manuskripts und beim Cardio Fitness Club, Starnberg, für die zur Verfügung gestellten Räumlichkeiten.

Umwelthinweis: gedruckt auf chlorfrei gebleichtem Papier

Hinweis für den Leser:
Alle Angaben in diesem Buch wurden sorgfältig geprüft und entsprechen dem aktuellen Stand von Wissenschaft und Forschung. Dennoch kann für diese Angaben vom Verlag keine Gewähr übernommen werden.

Umschlaggestaltung: Wolf Brannasky, München
Umschlagfoto: Hopp/FREUNDIN
Fotos im Innenteil: Andrea Schick, Tutzing
Models: Sonja Goldschmidt, Michael Dotterweich
Zeichnung auf S. 12 und 13: Eva Gleifenstein, München
Redaktion: Stefan Vieregg, Gauting

Druck: Druckhaus Langenscheidt, Berlin
Printed in Germany

ISBN 3-581-66985-4

1 * 97

Inhalt

Vorwort

Seit zehn Jahren arbeite ich als Lehrkraft und Ausbilderin im Fitneßbereich und werde Tag für Tag mit diesen beiden Fragen konfrontiert: Wie schaffe ich es als Frau, einen straffen, durchtrainierten und cellulitefreien Körper zu bekommen, und als Mann ordentliche Muskelpakete und den begehrten Waschbrettbauch. Meine Antwort: Alles kein Problem und durchaus machbar, wenn allen Betroffenen klar ist, daß es keine Wunder im Hauruck-Verfahren gibt. Denn sinnvoller als ein einmal wöchentliches Mammutprogramm im Studio sind regelmäßige, konsequent durchgeführte, kurze Trainingseinheiten. Nur ein paar Minuten pro Tag genügen, um die körperliche Verfassung langfristig zu verbessern.

Mit meinem Programm wird Ihnen das leichtfallen, denn Minutengymnastik *easy* ist nicht nur eine ideale Ergänzung zu professionellen Programmen im Fitneßcenter, sondern auch für sich ein völlig ausreichendes und effektives Fitneßtraining. In einer Welt, die sich beruflich und privat immer schneller und hektischer dreht, ist Zeit Mangelware. Gerade aus diesem Grund wird es für jeden so wichtig, ein Gymnastikprogramm für zwischendurch zu beherrschen, das exakt auf die Bedürfnisse vielbeschäftigter Menschen zugeschnitten ist – für die Mutter und Hausfrau genauso wie für den gestreßten Manager. Ein simpel strukturierter Trainingsplan, der keine kostbaren Minuten raubt, sondern – im Gegenteil – sich spielend in den Alltag integrieren läßt. Minutengymnastik *easy* soll in erster Linie helfen, körperlich fit zu werden, aber auch dazu dienen, lästige Wartezeiten zu überbrücken.

Schon nach einer Woche regelmäßigen Übens werden Sie bemerken, daß sich Ihre körperliche Verfassung und somit Ihr seelisches Wohlbefinden entscheidend verändert haben. Wer bis vor kurzem noch bei steilen Treppenaufgängen, schweren Einkaufstüten, kleinen Fahrradtouren oder beim Umzug unter der Last von Umzugskartons verzweifelt nach Luft japste, wird feststellen, daß die Grenzen der Belastbarkeit bereits weiter gesteckt sind und der Atem gleichmäßiger geht. Mein Wunsch ist es, daß Sie, liebe Leser, Sport nicht als Zwang und Belastung, sondern als Spaß und Bereicherung erfahren. Dieses Buch mit den einfach auszuführenden Übungen paßt in jedes Handgepäck und führt Frau wie Mann langsam, aber stetig zum gewünschten Ziel – nämlich gesund, körperlich attraktiv und belastbar das Leben zu genießen.

Andrea Schick

I. Einleitung

Minutengymnastik *easy* – das Programm für zwischendurch

Raus aus dem Bett, ab unter die Dusche und danach der gewohnte, flüchtige Blick in den Spiegel. War die Laune gerade noch gut, so ist nun möglicherweise der Nährboden für einen langanhaltenden Frust gelegt. Der Morgen bringt die Wahrheit gnadenlos ans Licht: Schlaffes, müdes Gewebe, graue Haut, die ersten Fettpölsterchen an Bauch, Hüften und Oberschenkeln machen sich breit. Nur noch ein Gedanke zählt: »Ich muß dringend was für meinen Körper tun – und zwar sofort!« Aber die besten Vorsätze schwinden nach einem Blick in den Terminkalender. Keine Zeit, über Wochen alles ausgebucht.

Halt, halt. Es gibt einen Ausweg aus dem Teufelskreis. Auch wenn Zeit und Lust fehlen, mit Bekannten und Freunden abends ins Fitneßstudio zu ziehen, sich am Wochenende auf den höchsten Gipfeln mit dem Mountainbike abzustrampeln oder freudlos nach Feierabend am Diätbier zu nippen, muß der Traum vom Wunschbody kein Luftschloß bleiben. Minutengymnastik *easy* braucht keine Expander und topmodernen Aerobicanzüge, sondern ist überall und jederzeit ohne großen Aufwand durchzuführen. Eine Übungseinheit dauert nie länger als eine Viertelstunde und ist in der gekürzten Version von 5 Minuten noch leichter zu schaffen.

Nützen Sie Ihre Zeit sinnvoll

Lästige Leerlaufzeiten können nun endlich sinnvoll überbrückt werden, in dem Sie effektiv an Ihrer Fitneß arbeiten. Zur eigenen Gedankenstütze ist es sowohl für den Manager als auch für die Hausfrau hilfreich, noch vor dem Schlafengehen einen Blick in den Terminkalender für den nächsten Tag zu werfen und sich Kreuzchen zu machen, wann mit kurzen Wartezeiten zu rechnen ist. Ob am frühen Vormittag während der Hausarbeit, zwischen zwei Konferenzen, in der Mittagspause oder am Steuer während eines Staus – kurze Pausen gibt es immer. Ideale Zeitpunkte, um ein Kurzprogramm (5 Minuten, Übungen für unterwegs, mit einem Partner) einzuschieben, und zwar ohne Schweiß zu vergießen, ganz *easy*. Nach jeder Übungseinheit ist der Übergang zum nächsten Tagesordnungspunkt völlig unproblematisch.

Wer aber wirklich fit, durchtrainiert, konzentriert und immer gut drauf sein will, sollte mindestens einmal täglich das (durchaus schweißtreibende) 15-Minuten-Programm fest einplanen. Schaffen Sie sich dafür den nötigen zeitlichen Freiraum. Und wenn Sie eine Viertelstunde früher aufstehen müssen. Ein Opfer, das sich lohnt, denn ein gelungener Tagesbeginn mit freiem Kopf ist garantiert. Da ohnehin keiner zuschaut, sollte das Outfit eher bequem als chic sein: eine locker sitzende Jogginghose, ein weites Sweatshirt, Gymnastikschuhe oder als Alternative rutschfeste Socken – fertig. Bei weit geöffnetem Fenster und Ihrer Lieblings-CD absolvieren Sie das Programm. Der Schweiß entschlackt den Körper, der Kreislauf kommt in Schwung. Danach eine erfrischende Dusche, und Sie können den Tag gutgelaunt mit einem Lächeln begrüßen. Bestens gefeit gegen Spannungskopfschmerzen, Schulter- und Nackenverspannungen und Durchblutungsstörungen schlagen Sie dem Streß im Job oder dem nie endenden Haushalt ein Schnippchen.

5 Minuten Gymnastik täglich reichen, 15 Minuten sind noch besser. Das Argument der Zeitnot zieht nicht mehr, denn das individuell zugeschnittene Trainingsprogramm von Minutengymnastik *easy* läßt sich ohne Aufwand und Mühe in jeden noch so dicht gedrängten Tagesablauf integrieren.

Was will Minutengymnastik *easy*?

Fitneß heißt »Spaß am Sein« zu haben. Eine Art Lebensphilosophie als Grundvoraussetzung für einen gesunden Körper und eine gute Figur.

Die meisten Menschen gehen im Alltag einer sitzenden Tätigkeit nach. Dauersitzen ist aber der Feind Nummer 1 für Muskeln, Stoffwechsel und Kondition. Um diese ungesunde Belastung durch Dauersitzen bei fehlendem Ausgleichstraining richtig zu verstehen, ist es unerläßlich, die Funktion der Muskeln näher zu beleuchten. Gerade die Rückenmuskulatur ist oft durch schädliche Haltungen oder mangelnde Beanspruchung nicht genügend gekräftigt. Wenn der Bauch aber nicht vernünftig gestärkt ist, bleibt ein Training für den Rücken erfolglos, denn nur mit der Unterstützung des Bauchs kann die Rückenmuskulatur aufgebaut werden. Auch Arme und Schulter müssen gestärkt werden, da sie genauso ihren Teil zur Verbesserung der Rückenmuskulatur beitragen müssen.

Der Mensch verfügt über drei verschiedene Muskelkategorien:

- die glatte,
- die quergestreifte und
- die Muskulatur des Herzens.

Die glatte Muskulatur arbeitet unwillkürlich, das heißt, wir können sie nicht mit unserem Willen oder durch Befehle steuern. Wir finden sie vor allem an den Blutgefäßen und Eingeweiden. Die Skelettmuskulatur – Schwerpunkt dieses Buches – besteht größtenteils aus quergestreiftem Muskelgewebe, das sich willentlich beeinflussen läßt. Der Name dieser Muskulatur kommt von der regelmäßigen Querstreifung, die unter dem Mikroskop deutlich erkennbar ist. Minutengymnastik *easy* baut die quergestreifte Skelettmuskulatur durch sinnvolle Übungen konsequent auf. Die Muskulatur des Herzens leistet eine permanente Schwerstarbeit und ist für unser Leben unerläßlich. Sie unterteilt sich grob gesagt in die Arbeitsmuskulatur und in das Erregungsleitungssystem. Eine herausragende Rolle nimmt der Herzmuskel, ein von gefäßführendem Bindegewebe durchzogener Hohlmuskel in der Herzwand, ein. Seine Arbeit unterliegt nicht unserer Kontrolle.

Wie arbeitet ein Muskel?

Ein Muskel kann nur dann Kraft entwickeln, wenn er sich zusammenzieht. Verantwortlich dafür ist die durch Nervenimpulse eingeleitete Kontraktion der verschiedenen Muskelfasern, die aus kleineren Muskelfibrillen und wiederum kleineren Filamenten bestehen. Wird ein Muskel regelmäßig gekräftigt, aktiviert das immer mehr Fasern und bringt sie zum Einsatz. Die beanspruchten Fasern werden vermehrt mit Blut versorgt, das die nötige Nahrung und den wichtigen Sauerstoff transportiert. Der »warme« Muskel erhält so ein größeres Volumen. Chemische Energie wird in mechanische umgewandelt und bewirkt die motorische Kraft.

Die Muskeln sind über Sehnen und Bänder am Skelett befestigt. Die Muskulatur erzeugt die Kraft für eine Bewegung, und die Sehnen übertragen diese Kraft auf den zu bewegenden Knochen. Jedes einzelne Gelenk wird von einer Muskelgruppe umschlossen. Ob Frau oder Mann, wir verfügen über 650(!) willkürlich beeinflußbare Muskeln. Die Anzahl ist bei jedem Menschen gleich, die Leistungsfähigkeit hingegen natürlich nicht. Dieser systematisch aufgebaute Gesamtmuskel-Komplex steuert den Bewegungsablauf des Körpers (siehe Abb. 1).

Abbildung 1

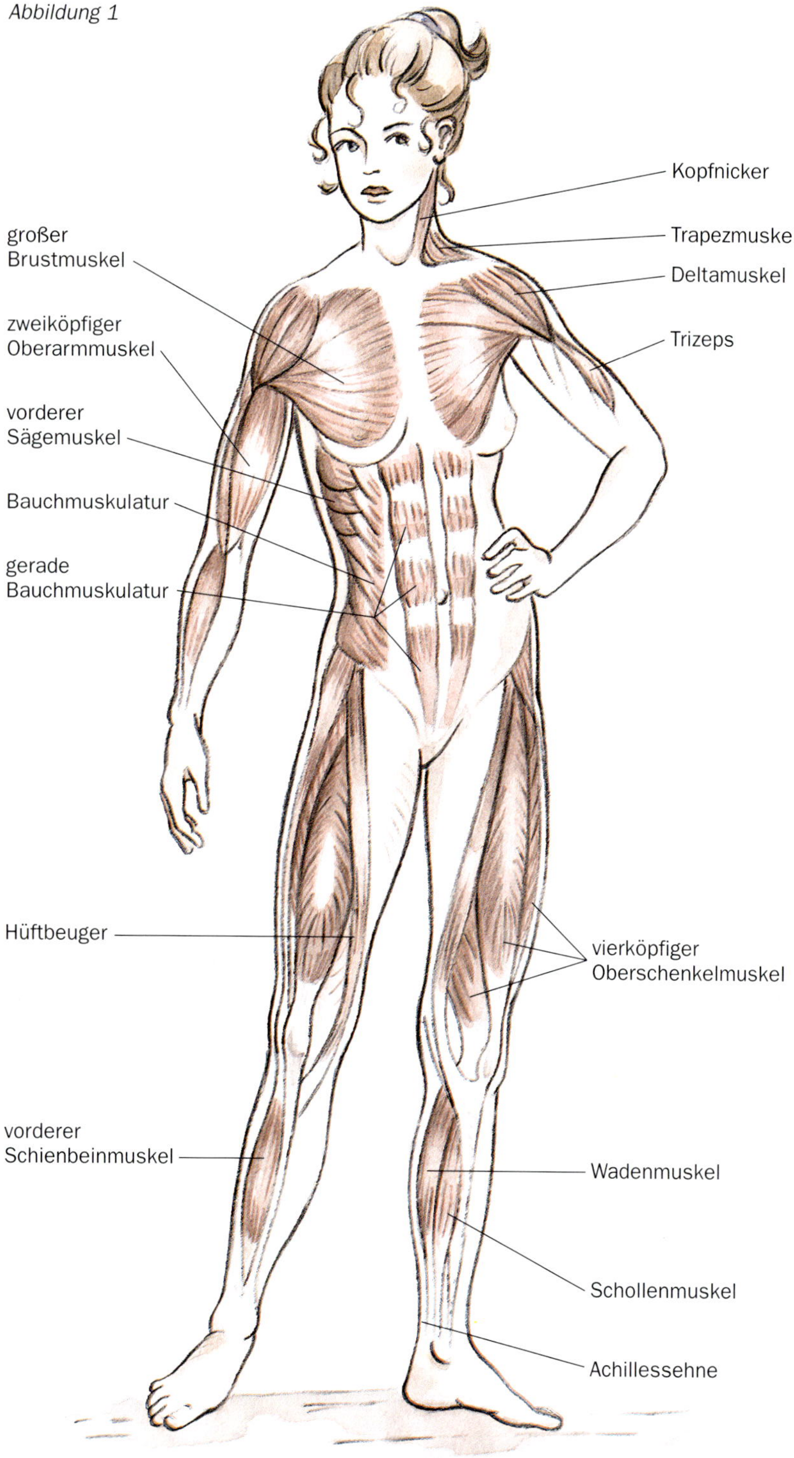

Kopfnicker
Trapezmuskel
Deltamuskel
Trizeps
großer Brustmuskel
zweiköpfiger Oberarmmuskel
vorderer Sägemuskel
Bauchmuskulatur
gerade Bauchmuskulatur
Hüftbeuger
vierköpfiger Oberschenkelmuskel
vorderer Schienbeinmuskel
Wadenmuskel
Schollenmuskel
Achillessehne

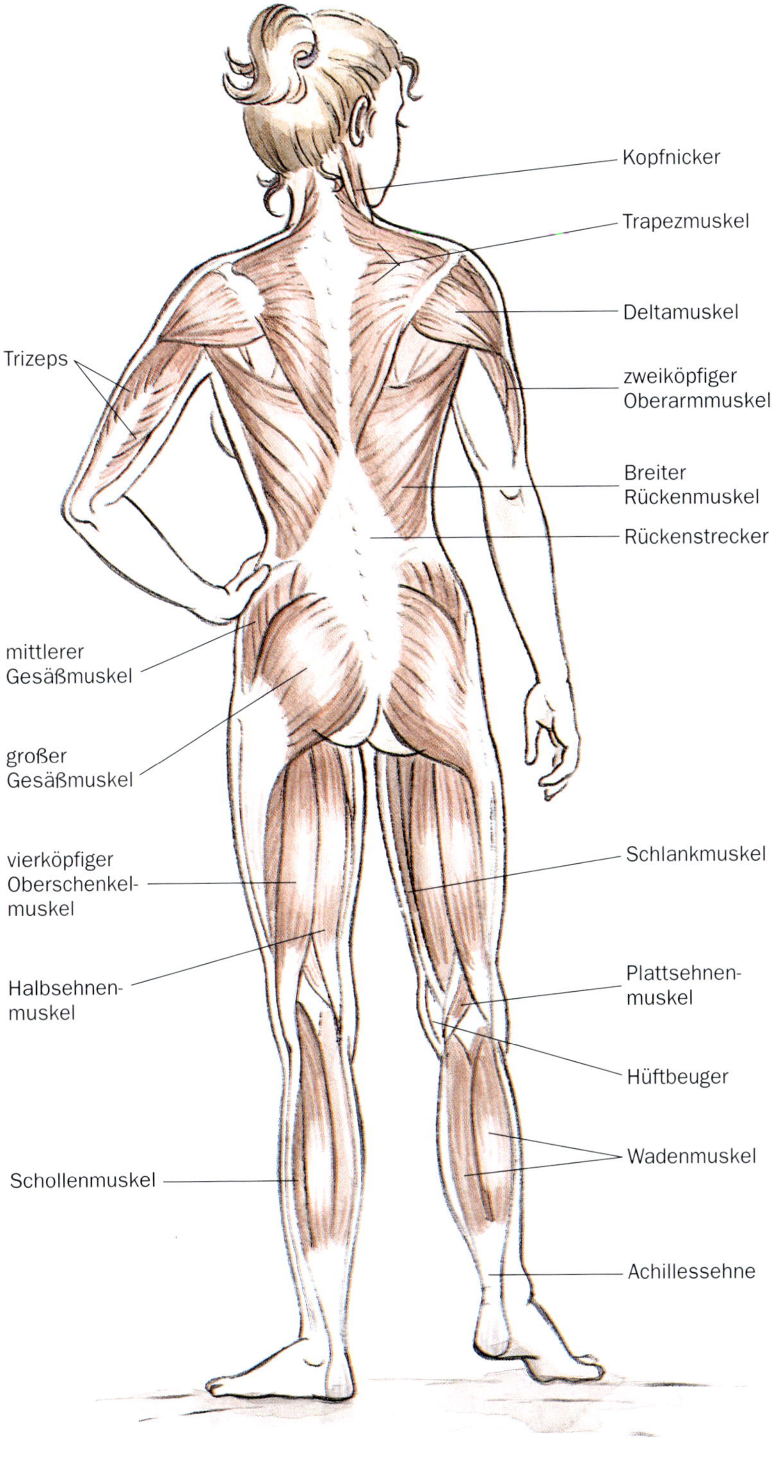
Kopfnicker
Trapezmuskel
Deltamuskel
Trizeps
zweiköpfiger Oberarmmuskel
Breiter Rückenmuskel
Rückenstrecker
mittlerer Gesäßmuskel
großer Gesäßmuskel
vierköpfiger Oberschenkel-muskel
Schlankmuskel
Halbsehnen-muskel
Plattsehnen-muskel
Hüftbeuger
Wadenmuskel
Schollenmuskel
Achillessehne

Agonist und Antagonist

Bei jeder Bewegung gibt es immer einen durchführenden Muskel, den sogenannten Agonist, und seinen Gegenspieler, den Antagonist. Jeder Muskel kann in seiner Funktion sowohl Agonist als auch Antagonist sein. Weitere Muskeln unterstützen die Bewegung zusätzlich.

Die Antagonisten sind zwar die Gegenspieler der Hauptbewegungsmuskeln, haben aber dennoch eine nicht zu unterschätzende Aufgabe: Durch langsames Nachgeben dosieren sie die Bewegung oder sorgen durch eine Zunahme ihrer Spannung für ein sanftes Abbremsen der durchgeführten Hauptbewegung. Für die Sicherung und Fixierung von Gelenken sind weitere verschiedene Muskeln zuständig. Ohne die Antagonisten wären also nur grobschlächtige und undifferenzierte Bewegungen möglich.

Die verschiedenen Muskelapparate

Im wesentlichen wird unterschieden zwischen
- der Skelettmuskulatur,
- der Rumpfmuskulatur und
- der Extremitätenmuskulatur.

Die Skelettmuskulatur umfaßt alle quergestreiften Muskeln (siehe oben), die am Skelett fixiert sind und die gesamte Statik wie auch Motorik unseres Halte- und Bewegungsapparates ermöglichen. Zur Rumpfmuskulatur werden die Bauch-, Rücken-, Becken- und Gesäßmuskeln gezählt. Die Muskeln der oberen Extremitäten bilden die Brust-, Schulter- und Armmuskulatur, die der unteren Extremitäten die Muskelgruppen von Beinen, Waden und erneut Gesäß, dessen Muskeln eine Verbindung der beiden Körperbereiche darstellen.

Bewegungsmangel – eine Zeitkrankheit

Der vorwiegend sitzende Mensch verlangt von seinen Muskeln gar keinen oder einen nur sehr geringen Krafteinsatz. Erschlaffung und schlechte Versorgung der Muskelpartien sind die traurige Konsequenz. Ein fataler Kreislauf, der nur durch ein gezieltes Bewegungsprogramm durchbrochen werden kann. Eine Unterversorgung der Muskeln ist immer verantwortlich dafür, daß die Beweglichkeit leidet, die Kondition abnimmt, der Bauchumfang zunimmt. Damit könnte der eine oder andere vielleicht noch leben, aber auch chronische Leiden sind langfristig vorprogrammiert: Verspannungen, Rückenschmerzen, Gefäßerkrankungen, Herz-Kreislaufkrankheiten und Kopfschmerzen.

So hilft Minutengymnastik easy

Durch Minutengymnastik *easy* verbessern Sie Ihre Herztätigkeit, Ihre Lungenfunktion, den Blutdruck sowie den Stoffwechsel und die Verdauung. Dieses neue und leichte Programm sorgt dafür, daß Muskulatur, Bänder und Gelenke gestärkt werden, somit die Beweglichkeit und Muskelelastizität erhöht werden und das Zusammenspiel von Nerven und Muskeln besser funktioniert.

Aber: Wunder im Schnellverfahren gibt es nicht. Bei allem Enthusiasmus sollte für jeden das Motto »Weniger ist mehr« gelten. Wiederholen Sie nicht ständig die gleiche Übung, sondern halten Sie sich unbedingt an die vorgegebene Zeit und Dauer. Übertreibung und Suchtverhalten sind genauso grundverkehrt und schädlich wie ein gänzlich fehlendes Ausgleichsprogramm. Minutengymnastik *easy* sollte also gut organisiert in den individuellen Tagesablauf eingebettet werden und letztendlich einen genauso selbstverständlichen, festen Platz wie das regelmäßige Zähneputzen nach den Mahlzeiten einnehmen.

Neben den physiologischen Verbesserungen durch Minutengymnastik *easy* ist auch eine Aufhellung der Stimmung und eine allgemeine Verbesserung des psychologischen Zustands zu erwarten. Die körperliche Betätigung vermittelt ein gutes »Feeling«, weil der Alltag in den Hintergrund rückt, Streß und Ärger abfallen und die Freude an der eigenen Bewegung und Leistungsfähigkeit hinzukommt. Diese positiven Erlebnisse geben Ihnen eine ganz neue Ausstrahlung, die sich im Verhalten ihrer Mitmenschen schnell widerspiegeln wird. Ein großes weiteres Plus der Minutenprogramme: eine gute Figur, die vor allem durch den gezielten Muskelaufbau bessere Proportionen bekommt. Das Resultat ist ein straffer, fester Körper, der nichts mehr mit dem Anfangszustand gemein hat.

Durch den systematischen Aufbau der Skelettmuskulatur kann den verheerenden Folgen ungesunder Belastung und schädlicher Fehlhaltung wirkungsvoll Paroli geboten werden. Zusätzliches Plus: Freude an der Bewegung und eine verbesserte Figur sorgen automatisch für ein gesteigertes positives Lebensgefühl. Lust statt Lamento!

Die richtige Atmung

Einatmen – ausatmen. Ein so selbstverständlicher, automatischer Vorgang, daß wir uns keine Gedanken darüber machen. Beim Einatmen weitet sich der Brustkorb über das Anheben der Zwischenrippenmuskeln und das Senken des Zwerchfells. Beim Ausatmen senken sich die Rippen wieder, das Zwerchfell entspannt sich. Das Atemzentrum, das im verlängerten Rückenmark liegt, steuert die Atmung. Dieses Zentrum sendet automatisch kontinuierliche Reize an die Atmungsmuskulatur aus. Die Blutkonsistenz, genauer der Sauerstoff- und Kohlendioxidgehalt, beeinflußt die automatische Reizgebung.

Eine ausreichende Versorgung mit Sauerstoff ist bei körperlicher Bewegung das entscheidende Moment. Sauerstoff ist wesentlich daran beteiligt, das sogenannte Adenosintriphosphat (ATP) zu produzieren, den wichtigsten Energiespeicher und Energieüberträger. ATP ist die Basis unseres Lebens. Herzschlag, Atmung, Verdauung, Bewegung – würde unsere ATP-Produktion plötzlich ausfallen, fielen wir auf der Stelle tot um.

Richtig atmen

Eine gute Atemtechnik zeichnet sich also dadurch aus, daß viel Sauerstoff in unseren Körper, ins Gehirn und in unsere Muskeln gelangt. Die Atmung paßt sich der Bewegung an, das heißt Frequenz und Volumen erhöhen sich mit steigender Anstrengung. Die Einatmung soll immer durch die Nase erfolgen, die Ausatmung durch den Mund. Insbesondere beim anstrengenden Teil jeder Übung muß unbedingt ausgeatmet werden, also gegen die Kraft. Versuchen Sie nach Möglichkeit, länger aus- als einzuatmen oder mindestens genauso lange aus wie ein, um die gesamte verbrauchte Luft aus Ihren Lungenflügeln herauszupressen.

Übende, die die Luft bei Anstrengung anhalten, sind schnell durch einen puterroten Kopf auszumachen. Durch diese falsche Atemtechnik preßt der Übende im Moment der Anstrengung die Luft in sich hinein anstatt auszuatmen. Dabei entsteht ein Überdruck in den Blutgefäßen, die im schlimmsten Fall sogar platzen könnten. Der menschliche Organismus versucht sich gegen dieses Risiko zu schützen, in dem er schlagartig den Blutdruck senkt. Aus eigener Erfahrung wissen Sie vielleicht, daß Ihnen in diesem Augenblick urplötzlich schwindelig oder schwarz vor den Augen wurde.

Um solche unnötigen Gefahrenquellen zu vermeiden, sind die Trainingseinheiten von Minutengymnastik *easy* so ausgerichtet, daß der Übende nicht in hektisches Schnaufen gerät. Oberstes Ziel ist immer, daß der Atem ruhig und gleichmäßig geht.

Bauchatmung statt Brustatmung

Besonders effektiv ist die Bauchatmung, die wir erst einüben müssen, da wir in der Regel eine Brustatmung gewöhnt sind. Die Bauchatmung ist deswegen so sinnvoll, weil der Organismus außergewöhnlich viel Sauerstoff erhält und den verbrauchten optimal hinaustransportieren kann. Die Technik ist ganz einfach: Legen Sie sich auf den Rücken, und legen Sie dann Ihre rechte Hand unter die Brust, die linke auf den Bauch. Wenn Sie nun tief einatmen und die linke Hand dabei höher kommt als die rechte, dann haben Sie es richtig gemacht. Bemühen Sie sich, Ihren Bauch beim Luftholen bewußt aufzublähen und beim Ausatmen nach innen fallen zu lassen.

Auch Atmen will gelernt sein. Als Faustregel gilt: Durch die Nase ein-, durch den Mund ausatmen. Und zwar immer ruhig und gleichmäßig!

Ernährung und Energiebereitstellung

Die beanspruchten Muskeln verbrauchen Energie, die durch die Verbrennung von Zucker und freien Fettsäuren gewonnen wird. Der ideale Powerstoff sind langkettige Kohlenhydrate, die vor allem in Nudeln, Vollkornprodukten, Reis, Gemüse und Obst stecken. Im Gegensatz zu Zucker, der allenfalls eine Kalorienbombe ist, muß der Körper diese Brennstoffe erst aufbereiten. Sie gehen zwar langsam, aber dafür kontinuierlich ins Blut. So bleibt der Blutzuckerspiegel konstant und der Körper länger fit – wichtige Grundlagen für Ausdauer, Konzentration und Koordination. Zuckerreserven sind im menschlichen Organismus vor allem im Blut, in den Leber- und Muskelzellen und als Langzeitreserve im Fettgewebe gespeichert.

Als Faustregel für eine gesunde und natürliche Ernährung gilt: wenig Fett (insbesondere tierische Fette), wenig Fleisch, wenig Zucker, viel Vollkornprodukte (Ballaststoffe und Vitamine), viel Gemüse und Obst, kaum Alkohol und im besten Falle kein Nikotin.

Essen Sie nicht einfach besinnungslos alles in sich hinein, wenn Sie Hunger haben. Machen Sie sich ein paar Gedanken, bevor Sie Ihren Appetit stillen, denn Ihr Körper ist viel kritischer, als Sie glauben. Er benötigt nämlich Nährstoffe, die ganz unterschiedliche Aufgaben im Stoffwechsel haben.

Das braucht der Mensch:

- Kohlenhydrate und Zuckerstoffe zur Energiebereitstellung für die Aufrechterhaltung aller Stoffwechselfunktionen.
- Eiweiße beziehungsweise Proteine, die als wichtige Bausubstanz für Zellen, Enzyme und bestimmte Hormone gebraucht werden. Protein formt unseren Körper, indem es Muskeln aufbaut.
- Ballaststoffe, die im Bereich von Hunger, Sättigung, der Darmtätigkeit sowie im Zucker- und Fettstoffwechsel wichtige regulierende Funktionen haben.
- Mineralstoffe wie Natrium, Kalzium, Jod oder Chlor sind lebensnotwendige Bausteine unseres Stoffwechsels. Sie sind auch Krampfkiller. Magnesium- und Kaliummangel sind meistens die Auslöser für diese schmerzhaften Spasmen im Fuß oder in der Wade. Außerdem ist Magnesium außerordentlich wichtig für das Zusammenspiel von Nerv und Muskel. Muskelzittern kann auf einen Magnesiummangel hindeuten.
- Wasser, Hauptbestandteil und somit unverzichtbares Bauelement unseres Körpers, aber in der Blutflüssigkeit auch Medium für den Stofftransport sowie wesentliches Mittel für die Wärmeregulation – zum Beispiel beim Schwitzen. Genügend Flüssigkeit ist also für eine gesunde Funktion unseres Körpers unabdingbar.

Muskelwachstum und Muskelkater

Regelmäßiges, diszipliniertes Training verlangt einen erhöhten Nährstoffbedarf, damit die jeweiligen Muskeln ausreichend mit Energie versorgt werden. Ist eine Übungseinheit beendet, bemüht sich der Organismus, die verbrauchten Stoffe in größerer Menge im Muskel zu speichern, um bei einem weiteren Reiz besser ausgestattet zu sein. Das bedeutet langfristig, daß der Muskelquerschnitt größer wird, da mehr Eiweiß zur Verfügung steht. Im Klartext: Der Muskel wird dicker, das ihn umgebende Gewebe straffer.

Wie schon erwähnt dürfen gerade Ungeübte nicht zu intensiv trainieren, sondern sollten wohldosiert beginnen. Wer dennoch übertreibt, wird mit Muskelkater gestraft, der immer eine Leistungsminderung nach sich zieht. Während früher angenommen wurde, daß Muskelkater die Folge einer Anhäufung von Milchsäure ist, so herrscht heute aus sportmedizinischer Sicht eine andere Auffassung. Wenn ein Muskel trotz Erschöpfung weiter beansprucht wird, entstehen winzige Risse innerhalb der erwähnten Eiweißstruktur. Unsichtbare Miniverletzungen, die kaum sichtbar anschwellen und durch eine erhöhte reflektorische Spannung die vielberüchtigten Schmerzen nach 24 bis 36 Stunden spürbar auslösen. Der Muskelkater tritt deswegen so spät auf, weil die Muskelfasern nicht mit Sinneszellen ausgestattet sind und somit das Gehirn nicht unmittelbar mit Informationen versorgen können.

Nur ganz vereinzelt befinden sich Sinneszellen am Faserrand, die entsprechend lange brauchen, um Nachrichten weiterzuleiten.

Sollte der Muskelkater nicht nach spätestens drei Tagen verschwunden sein, dürfte es sich um eine Muskelzerrung handeln, die ein Arzt diagnostizieren sollte.

Noch ein abschließendes Wort zum Thema Muskelkater: Die Übungen des 5-Minuten-Programms sind so konzipiert, daß Sie von dieser unangenehmen Begleiterscheinung in der Regel verschont bleiben werden. Bei den 15-Minuten-Versionen dagegen müssen Untrainierte einen gelegentlichen Muskelkater in Kauf nehmen. Aber trösten Sie sich: Er dauert in der Regel nur drei Tage (der zweite Tag ist der schmerzhafteste). Versuchen Sie während dieser Zeit nicht, mit Gewalt gegen den Muskelkater anzugehen. In den ohnedies steifen Muskeln würden sich bloß noch mehr feine Risse bilden. Wenn Sie andererseits mit Minutengymnastik *easy* völlig aussetzen, riskieren Sie den bisher erreichten Trainingseffekt. Suchen Sie sich also Übungen aus, die andere Muskelgruppen trainieren als die, die vom Muskelkater betroffen sind. Gönnen Sie sich ein heißes Bad, oder lassen Sie sich massieren. Schon bald werden Sie dann von diesem Übel ganz verschont bleiben.

II. Problemzonen

Oberer und unterer Rücken

Der Rücken und somit der aufrechte Gang stellen ein kleines Wunder der Statik dar, aber leider auch die größte Problemzone unseres Körpers. Die ungenügende Beanspruchung der Rückenmuskulatur im Alltag ist der Grund für einen Verschleiß, der bei fast allen Menschen Schmerzen verursacht. Eltern haben gar nicht so unrecht, wenn sie fortlaufend ihre Kinder mit Sätzen wie »Sitz gerade« oder »Laß doch die Schultern nicht so hängen« nerven. Die Stabilität unseres Körpers ist von der Rumpfmuskulatur abhängig, die das Skelett im Ruhezustand und in der Bewegung aufrecht hält.

Unter den zahlreichen Muskeln im oberen Rücken ist der breite Rückenmuskel der größte. Die oft gehörte Aussage »Der hat aber ein breites Kreuz« meint nichts anderes, als daß der erwähnte breite Rückenmuskel besonders stark ausgeprägt ist. Der Nacken wird vom Trapezmuskel – auch als Kapuzen- oder Kappenmuskel bezeichnet – geformt (siehe Abb. 1). Der Trapezmuskel hat drei Anteile: einen absteigenden, einen aufsteigenden und einen querverlaufenden. Unter dem Trapezmuskel liegt der Rautenmuskel, der für das Zusammenziehen der Schulterblätter zuständig ist. Wird der Rautenmuskel unnötig gedehnt und verlängert, weil Sie nicht aufrecht sitzen oder stehen, ermüdet er und verliert seinen Tonus. Ganz allmählich gelingt es Ihnen nicht mehr, die Schulterblätter nach hinten zu ziehen. Diese Mißhaltung macht schließlich den typischen Rundrücken aus.

Genauso häufig tritt heute auch das Gegenteil in Form von schmerzhaften Verspannungen des Trapezmuskels auf. Durch richtige Dehnung und Kräftigung kann diese Partie wieder gelockert werden. Aus diesem Grund müssen Sie darauf achten, regelmäßig Lockerungsübungen in Ihr Tagesprogramm einzubauen.

■ Und so wird's gemacht:
Stehen Sie auf, oder lehnen Sie sich in Ihrem Stuhl zurück und ziehen die Schulterblätter zusammen. Rollen Sie die Schulter vorwärts, dann rückwärts, und neigen Sie den Kopf seitwärts. Eine simple Lockerungsübung, die Sie nur einmal pro Stunde machen müssen, um wieder zu Ihrer neutralen und entspannten Haltung zurückzufinden.

Für die Stützung der Wirbelsäule ist aber die gesamte Rückenmuskulatur, nicht nur die der oberen Region, entscheidend. Der Rückenstrecker – ein tiefliegender und ein oberflächlicher Muskelstrang, der neben der Wirbelsäule vom Becken bis zum Hinterkopf verläuft und von außen gut sichtbar ist – übernimmt die Hauptrolle bei der aufrechten Haltung des Menschen. Die langen sowie kurzen Muskeln des Rückenstreckers werden von einer derbsehnigen, straff gespannten Gewebshülle zu einem Ganzen zusammengefaßt – der sogenannten Lendenrückenbinde. Ist der Rückenstrecker nicht ausreichend gekräftigt, kommt es ebenfalls zu dem bereits erwähnten Rundrücken.

Auf die Haltung kommt es an

Die Wirbelsäule mit ihren einzelnen Wirbelkörpern und den dazwischenliegenden Bandscheiben könnte ohne die Rückenmuskulatur nicht allein in aufrechter Position bleiben. Unzählige lange und kurze Muskeln, Bänder und Sehnen sorgen für die nötige Stabilität. Im besten Fall werden durch schlechte Haltung oder falsche Bewegungen mit Dauerdehnungen »nur« Schmerzen, also Muskelverspannungen ausgelöst. Der weitaus schlimmere Fall tritt dann ein, wenn die Bandscheiben geschädigt sind und nur noch eine Operation Abhilfe schaffen kann.

Lassen Sie es gar nicht so weit kommen, und halten Sie sich im wahrsten Sinne des Wortes Ihren Rücken durch gezielte, später beschriebene Übungen »frei«. Sie spüren genau, daß, wenn Sie am Schreibtisch Ihre Ellenbogen auf die Platte legen, benachbarte Wirbel nicht mehr senkrecht aufeinanderstehen, sondern leicht verschoben sind. Das hat zur Folge, daß der Druck auf die Bandscheiben, die als Stoßdämpfer zwischen den Wirbelkörpern eingebettet sind, nicht gleichmäßig verteilt ist, sondern ein kleinerer Bandscheibenteil einem erhöhten Druck ausgesetzt ist. Gerade im Lendenwirbelbereich ist die Überbelastung durch Fehlhaltungen und falsches Sitzen enorm. Keine Frage, daß langfristig betrachtet ernsthafte Schädigungen auftreten.

Rückenleiden als Folge von Verschleiß durch ungenügende und falsche Beanspruchung sind schmerzhaft und ein überflüssiges Übel. Eine Kräftigung der unteren und oberen Rückenmuskulatur befreit von Verspannungen, sorgt für eine optimale Stützung der Wirbelsäule.

Der Bauch

Schön flach und straff, hart wie ein Waschbrett – so soll er sein, der Bauch. Ein Traum, eine Illusion? Nein, wenn Sie bereit sind, sich auf ein anstrengendes Programm einzulassen. Konsequente, tägliche Minutengymnastik *easy* reicht leider allein nicht aus, um das gewünschte Ziel zu erreichen. Zwar sind die Muskeln das Make-up unter der Haut, aber um den verhaßten Fettpölsterchen um die Körpermitte zu Leibe zu rücken, bedarf es mehr. Ein wichtiger Faktor ist eine ausgewogene, fettarme Ernährung, aber, wenn möglich, auch ein regelmäßiges Ausdauertraining wie beispielsweise Radfahren oder Laufen.* Wenn Sie zu dieser »Fettkiller-Waffe«, bestehend aus speziellen Bauchübungen, bewußter Ernährung und einem Kreislauftraining, greifen, haben Sie den Kampf schon so gut wie gewonnen. Zwar nicht über Nacht, aber langfristig ist ein flacher Bauch mit wohlgeformter Taille garantiert.

Doch neben der optischen Verschönerung ist ein gesundheitlicher Aspekt für die Bauchkräftigung weitaus wichtiger:

Die Bauchmuskeln unterstützen den Rücken bei seiner Haltearbeit und können helfen, Rückenleiden mit zu verhindern. Der Bauch ist mit einer Art Stützkorsett zu vergleichen, damit der Mensch aufrecht durchs Leben gehen kann.

Der Rumpf erfährt zudem über die Bauch- und Rückenmuskulatur eine dynamische Verspannung, die ein sehr unterschiedliches Bewegungsspiel zuläßt. Während der Rücken eine sehr starke Gliederung aus zahlreichen kurzen und langen Muskeln aufweist, ist die Bauchmuskulatur eher flächenhaft. Unter anderem sollen diese Muskelzüge auch die inneren Organe, die zwischen Brustkorb und oberem Beckenrand liegen, schützen.

Der Bauch setzt sich im wesentlichen aus diesen Muskeln zusammen (siehe Abb. 1):

- gerader Bauchmuskel,
- zwei schräg verlaufende obenliegende Bauchmuskeln und
- in der tiefsten Schicht gelegener querer Bauchmuskel (wichtigste Rolle bei der Taillenformung).

Der gerade Bauchmuskel verbindet Ober- und Unterkörper miteinander und erlaubt der Wirbelsäule, den gesamten Oberkörper nach vorn zu beugen. Außerdem ist er wesentlich daran beteiligt, daß das Becken aufrecht gehalten wird. Ist der gerade Bauchmuskel aber ungenügend ausgebildet, kippt das Becken nach vorn und führt letztlich zur Ausbildung eines Hohlkreuzes. Die schrägen Bauchmuskeln befähigen uns, den Oberkörper zu drehen und ihn zur Seite beugen zu können.

Wichtig: Bauch- und Rückenmuskulatur stellen ein System dar, das die aufrechte Körperhaltung sichert. Es darf niemals isoliert, sondern muß immer als Ganzes betrachtet werden.

* Siehe hierzu mein Buch »Ausdauertraining *easy*«, ht 984.

Schulter, Nacken, Brust und Arme

Ein echter Mann muß breite und gerade Schultern haben... Das Klischee der »starken Schulter zum Anlehnen« war lange Zeit Wunsch vieler Frauen, was die Idealattribute des Traummannes betraf, und ein Schönheitsideal für Männer. Bis auch Frauen die Attraktivität und Ästhetik breiter, wohlgeformter Schultern entdeckten und sich dicke Schulterpolster in Blazer, Pullis und Blusen einnähten. Und tatsächlich – nichts ist schöner als breite, entspannte Schultern, die Kraft und Ausgeglichenheit signalisieren. Nur: Das Kugelgelenk in der Schulter ist zwar das beweglichste, das der menschliche Organismus aufzuweisen hat, aber auch gleichzeitig das anfälligste für Verletzungen. Gerade deswegen ist es so wichtig, daß die umgebenden Muskeln einerseits für die Stabilisierung des Gelenks gestärkt, andererseits aber auch gut gelockert sind. Das Verhältnis zueinander muß stimmen, damit es nicht zu den häufig auftretenden Schulter- und Nackenverspannungen kommt.

Der größte und wichtigste Schultermuskel ist der Deltamuskel. Er verläuft dreiecksförmig, formt die Schulterrundung und ohne ihn wäre der Mensch nicht in der Lage, den Arm zu heben. Im Zusammenspiel mit verschiedenen anderen, kleineren Muskeln kann der Deltamuskel den Arm im Schultergelenk drehen, anwinkeln sowie vor- und zurückführen (siehe Abb. 1).

Brust- und Armmuskulatur

Jede Armbewegung im Gelenk durch Zug und Druck funktioniert allerdings nur, wenn der große Brustmuskel mitarbeitet. Alle Oberkörpertätigkeiten im Alltag gehen daher viel leichter von der Hand, wenn dieser Muskel gestärkt ist. Von außen ist der große Brustmuskel deutlich an der vorderen Begrenzung der Achselhöhle zu sehen und zu fühlen. Ein sich hartnäckig haltendes Vorurteil muß übrigens endlich ausgeräumt werden: Durch ein Training der Brustmuskulatur läßt sich die Größe der weiblichen Brust *nicht* verändern. Aber: Eine kräftige Brustmuskulatur verbessert die Haltung und wirkt somit unterstützend auf das Bindegewebe der Brust. Folglich bleibt der Busen länger in Form und straff.

Eine wahrhaft »tragende« Rolle bei jedem Anheben von Gewichten oder Zugbewegungen zum Körper spielt die Beugegruppe des Arms. Deutlich an der Vorderseite des Arms erkennbar ist der Bizeps, ein zweiköpfiger Muskel. Immer, wenn wir den Ellbogen in seinem Winkel verändern, ist der Bizeps daran beteiligt. Jeder Handgriff im Alltag sitzt besser, je stärker dieser Muskel und sein Antagonist – der Trizeps – ausgebildet sind. Ob die Gabel zum Mund geführt wird oder Möbel gerückt werden: Ohne Bizeps und Trizeps wäre beides unmöglich (siehe Abb. 1).

Po und Hüfte

Ein knackiger Po ist sexy. Schön rund soll er sein und gut in Form – platt und schlaff ist out. Ein wohlgeformtes Hinterteil ist nicht nur für Männer und Frauen gleichermaßen ein attraktiver Blickfang, sondern auch erheblich an ständigen Bewegungsabläufen im Alltag beteiligt. Treppensteigen, Aufstehen oder in die Höhe springen – einer leistet dabei die Hauptarbeit, nämlich der große Gesäßmuskel. Er bestimmt nicht nur die Form des Pos, sondern dient zum einen als Sitzpolster, zum anderen als der kräftigste Strecker des Hüftgelenks. Aber damit nicht genug: Der große Gesäßmuskel bewirkt auch, daß das Bein abgespreizt, herangeführt und im Hüftgelenk nach außen gedreht werden kann.

In Kooperation mit dem geraden Bauchmuskel übernimmt dieser Gesäßmuskel ebenfalls die Aufgabe der Beckenstellung, die eine wichtige Funktion hinsichtlich der Haltung hat. Bei so vielfältigen Funktionen versteht es sich von selbst, daß der Gesäßmuskel ein besonderes Training zur Kräftigung braucht. Die entgegenwirkenden Muskeln wie beispielsweise der Rückenstrecker oder die Muskelgruppe an der Beinrückseite sind dabei oft verkürzt und müssen im Gegenzug vorsichtig gedehnt werden (siehe Abb. 1).

Die Beine

Der mächtigste Muskel auf der Beinvorderseite ist der vierköpfige Oberschenkelmuskel. Durch das tägliche Stehen, Gehen, Laufen, Springen und Heben wird er ständig so trainiert, daß er der stärkste Muskel im gesamten Organismus ist. Dieser Muskel ist der Strecker des Knies, während drei Oberschenkelmuskeln auf der Rückseite die Gegenspieler sind: der zweiköpfige Oberschenkelmuskel, der Halbsehnenmuskel und der Plattsehnenmuskel. Bei jedem Menschen besteht ein Ungleichgewicht zwischen der Oberschenkelvorderseite und -rückseite. Ideal wäre ein Kräfteverhältnis von sechzig zu vierzig Prozent, aber in den meisten Fällen ist die Differenz weitaus höher. Damit die beiden Muskelgruppen harmonisch zusammenarbeiten, ist daher meist zunächst ein Training der Antagonisten vonnöten.

Der innere Oberschenkel ist gerade bei Frauen der Lieblingsplatz von Fettdepots. Wie bereits erwähnt, kann durch Gymnastik nur der Muskel gekräftigt werden, aber keine Fettverbrennung stattfinden. Ein positiver Nebeneffekt der Stärkung des inneren Oberschenkels besteht darin, daß gleichzeitig der mittlere und der kleinste Gesäßmuskel, die zum großen Teil vom großen Gesäßmuskel verdeckt sind, mittrainiert werden. Folglich werden auch Hüften und Po wohlgeformt.

Mit einfachen Worten ausgedrückt passiert folgendes: Zum Abspreizen des Beins im Hüftgelenk werden der mittlere und der kleinste Gesäßmuskel aktiviert. Um das Bein wieder an den Körper heranzuziehen, müssen insgesamt fünf Muskeln an der inneren Seite des Oberschenkels arbeiten: Der lange, kurze und große Oberschenkelanzieher sowie der Schlank- und Kamm-Muskel. Diese Muskelgruppe hilft, das Becken beim Sitzen, Stehen und Gehen zu stabilisieren, ist aber häufig zu schwach ausgebildet.

Wohlproportionierte Waden geben Frauen eine ganz besondere Note, wenn sie kurze Röcke und (leider sehnenfeindliche) High-Heels tragen. Doch stimmen die Proportionen im Verhältnis zum Körper nur in seltenen Fällen überein. Entweder sind die Waden zu dünn und mickrig oder zu kräftig. Das muß nicht sein, wenn einfache Übungseinheiten regelmäßig eingehalten werden. Gerade Frauen, die gern in hochhackigen Schuhen gehen, sollten wissen, daß dadurch die Achillessehne, die das Ende der Unterschenkelmuskulatur bildet, auf Dauer verkürzt wird. Stöckelschuhe also immer nur dann tragen, wenn im Gegensatz dazu eine sorgfältige Dehnung der Wadenmuskulatur steht.

Drei Hauptmuskeln bilden den Unterschenkel. An der Rückseite befinden sich zwei große Muskeln, der Zwillingswadenmuskel und der Schollenmuskel. Letzterer von beiden ist der größere und liegt unter dem Zwillingswadenmuskel und bestimmt den Wadenumfang. Der Zwillingsmuskel hingegen gibt der Wade ihre Form. Die dritte Hauptfunktion übernimmt der vordere Schienbeinmuskel und hält den Unterschenkel im Gleichgewicht (siehe Abb. 1).

III. Das 5-Minuten-Programm fürs Büro und zwischendurch

Fitneß am Arbeitsplatz

Für einen normalen Arbeitstag genügt es heute nicht mehr, nur gesund, motiviert und gut vorbereitet zu sein. Der Alltag im Büro – egal ob für die Sekretärin oder den Manager – ist stressiger geworden. Ein Freizeit-Fitneßprogramm kann den harten Anforderungen im Job kaum mehr gerecht werden. Büromenschen brauchen eine ganz spezielle Fitneß, um ein wirksames Immunsystem gegen die typischen Sitzkrankheiten wie plötzliche Ermüdung, Rückenverspannungen und Kopfschmerzen zu entwickeln. Das 5-Minuten-Programm wendet sich speziell an Büro-Stubenhocker, bei denen sich nach einiger Zeit mit hoher Wahrscheinlichkeit die typischen Schreibtisch-Wehwehchen zeigen, die langfristig zu einem ernsten Problem werden können.

Sinn dieser Kurzübungen ist es, einen Teil des nötigen Ausgleichssports schlichtweg ins Büro zu verlegen. Sie brauchen keine speziellen Geräte, sondern können auf das übliche Arbeitszubehör wie Ordner, Schreibtisch und Stuhl zurückgreifen. Selbst wenn Sie im Maßanzug oder im Nadelstreifenkostüm Ihren Job ausüben müssen, ist das Outfit für die jeweiligen Übungseinheiten kein Problem. Die Übungen sind garantiert knitter- und schweißfrei. Nutzen Sie einfach kleine Wartezeiten, die Kaffee- oder Mittagspause, um das effektive Mini-Programm zu absolvieren. Auch wenn die Büroübungen kein Hochleistungssport sind, gilt auch hier wieder, die Anforderungen an den Körper nicht zu unterschätzen. Völlig Untrainierte dürfen vor allem die Dehnübungen keinesfalls übertreiben.

Damit keine Langeweile aufkommt, gibt es von Montag bis Freitag ein wechselndes Programm. An den ersten vier Werktagen konzentriert sich das Programm jeweils auf verschiedene Muskelpartien, am Freitag schließt es mit einem Kompakt-Programm. Halten Sie sich konsequent an die Übungen und die Dauer, werden Sie schnell feststellen, daß Konzentrationsschwäche, schmerzhafte Fehlhaltungen, Sitzbeschwerden und unangenehme Schulter-/Nackenverspannungen nur noch Alpträume der Vergangenheit sind. Sie ganz allein sind der Chef! Sie haben es in der Hand, Ihren Körper endlich in den Griff zu kriegen.

Montag: Der Rücken

Rückenschmerzen sind das Hauptproblem vieler Schreibtischarbeiter. Die Klagen sind durchaus verständlich, denn die Muskelgruppen um die Wirbelsäule haben im Büro die schwerste Arbeit. Auch wenn Sie nur ruhig sitzen, leistet Ihr kompliziertes System aus Rücken- und Bauchmuskeln Enormes, um den Rumpf aufrecht zu halten. Und wenn ein Muskel immer den gleichen Tonus halten muß, beispielsweise beim stundenlangen Sitzen vorm Bildschirm, dann verkrampft er. Wirken Sie also den typischen Folgen, nämlich schlechter Haltung, schwachem Rücken, Kopfschmerzen, Unkonzentriertheit und dem damit verbundenen Leistungsabfall rechtzeitig entgegen. Aber vergessen Sie nicht: Keiner heilt seinen Rücken in nur einer Woche! Und selbst die besten Übungen wirken nur, wenn Sie sich an die angegebenen Instruktionen halten!

»Der Reißwolf« (Foto 1)

Eine optimale Übung für die stützenden Muskelgruppen an Rücken und Bauch. Sie rollen Ihren Bürostuhl etwa 1 Meter von der Schreibtischplatte weg, arretieren die Stuhlrollen und setzen sich hin. Dann nehmen Sie einen festen, gut gefüllten Aktenordner in die Hand. Das linke Bein stellen Sie ein wenig zurück, das rechte im selben Abstand vor. Die Füße sind fest auf dem Boden, die Sitzhaltung aufrecht.

Greifen Sie nun den Ordner mit beiden Händen am Rücken und stützen ihn auf Ihrem rechten Oberschenkel auf. Versuchen Sie jetzt, ihn zu »zerreißen«, wobei die linke Hand in Richtung Körper zieht, die rechte davon wegdrückt. Keine Angst, Ihr Ordner hält das aus! Bauen Sie mit aller Kraft Spannung auf, bis Sie nicht mehr steigern können – nun bleiben Sie mindestens 5 Sekunden auf dem Höhepunkt dieser Anspannung und lösen dann ganz langsam den Druck. Halten Sie bei Anspannung nicht die Luft an, sondern atmen Sie ganz ruhig weiter! Nach der Übung atmen Sie 3mal ganz entspannt und tief durch und wiederholen das Ganze. Anfänger wechseln nach der sechsten Wiederholung das Bein und die »Zerreiß«-Richtung der Arme, Geübte nach der zehnten, und beenden dann nach derselben Rate die Übung.

Foto 1

»Büro-Buddha« (Foto 2)

Mit der folgenden Übung können Sie akute Schmerzen vom langen Sitzen diskret und wirkungsvoll behandeln. Der »Büro-Buddha« ist ein höchst effektives Fitneß-Training, um die oberen Rücken- und Brustmuskeln zu stärken und zu trainieren.

Setzen Sie sich mit geradem Rücken hin, die Füße sind dabei fest auf den Boden gestellt. Legen Sie einfach beide Hände vor der Brust gegeneinander, die Fingerspitzen zeigen nach oben. Heben Sie die Unterarme, so daß sie eine gerade Linie parallel zum Fußboden zeigen.

Nun bauen Sie langsam Druck zwischen den Händen auf, bis Sie ihn nicht mehr erhöhen können. Halten Sie die Anspannung mindestens 5 Sekunden und lassen anschließend langsam wieder nach. Sollte Ihnen das Weiteratmen während der Anspannung schwerfallen, zählen Sie einfach leise die Sekunden. So vermeiden Sie, daß Sie die Luft anhalten. Dann lassen Sie die Arme locker an den Seiten runterhängen und schütteln sie leicht aus. Wiederholen Sie die Übung 5mal.

Foto 2

Notprogramm bei Rückenschmerzen (ohne Foto)

Die Wirbelsäule ist der am stärksten belastete Knochenverbund in unserem Körper, aber auch gleichzeitig unser wichtigster, da er die Nervenstränge in sich trägt, die Befehle des Gehirns zu den Muskeln transportieren. Die Rückenmuskulatur stützt die Wirbelsäule und läßt uns somit überhaupt aufrecht gehen. Ist durch einen langen Bürotag die Wirbelsäule mal wieder falsch oder zu stark belastet worden, hilft nur ein schnelles »Notprogramm«, damit Sie nicht zu schwer »an Ihrem Kreuz zu tragen« haben.

■ Übung 1
Stellen Sie sich mit dem Rücken gerade an eine Wand, und achten Sie darauf, daß Schultern, Po und Fersen ebenfalls Wandkontakt haben. Strecken Sie den rechten Arm hoch und drücken Sie ihn mit dem Handrücken gegen die Wand, während die linke Ferse denselben Druck gegen die Wand ausübt. 5 Sekunden halten, 2 Sekunden entspannen – dann die Übung mit dem linken Arm und der rechten Ferse wiederholen. Abwechselnd je 3mal diese diagonalen Muskelketten anspannen und danach ausschütteln.

■ Übung 2
Setzen Sie sich aufrecht auf Ihren Stuhl, und falten Sie die Hände auf Ihrem Kopf. Die Ellbogen berühren sich vor dem Gesicht. Atmen Sie langsam ein und führen die Ellbogen nach außen. Sie spüren deutlich, wie der Rücken gerade wird, der Oberkörper sich hebt und dabei streckt. Am hintersten Punkt halten Sie die Luft kurz an und atmen dann langsam wieder aus, wobei der Oberkörper ganz allmählich zusammensinkt und sich die Ellbogen erneut vor Ihrem Gesicht berühren. 5mal wiederholen.

»Lift-Training« (ohne Foto)

Schon auf dem Weg zur Arbeit können Sie trainieren, ohne beispielsweise schwitzend endlose Treppen hinauf zu laufen. Tun Sie es ganz einfach im Lift. Selbst wenn Sie nicht allein sind, wird kein Mensch bemerken, daß Sie heimlich trainieren. Stellen Sie sich kerzengerade an eine freie Stelle der Liftwand, und drücken Sie kräftig Ihren linken Arm und die Handinnenfläche gegen die Wand. Nach 5 Sekunden entspannen Sie sich für 2 Sekunden, dann drücken Sie den rechten Arm gegen die Wand. Dieses Spiel machen Sie abwechselnd weiter, bis Sie in Ihrer Etage angekommen sind.

Dienstag: Po, Oberschenkel, Waden

Unterkörper und Beine werden im Gegensatz zum Rücken bei Büroarbeiten so gut wie gar nicht belastet. Hier liegt eine absolute Unterforderung vor, die erhebliche Probleme nach sich ziehen kann: Gefäßerkrankungen und eine schlechte Blutzirkulation sind bei Bürohockern an der Tagesordnung, die im schlimmsten Fall Kreislaufschwäche und Venenerkrankungen zur Folge haben können. Legen Sie, wann immer es geht, die Füße auf den Tisch – das regt die Durchblutung an. Ein Jammer, daß diese Haltung in Deutschland leider immer noch als unverkennbares Zeichen für eine »schlechte Kinderstube« oder mangelhafte Arbeitsmoral betrachtet wird. In den USA dagegen regt sich kein Mensch mehr über diese scheinbare Untugend auf, man wertet das Hochlegen der Füße eher als ein positives Zeichen für ein gesundes Körperbewußtsein. Also, wenn keiner zuschaut: Runter mit den Schuhen, hoch mit den Beinen!

Weit unproblematischer hinsichtlich des Erscheinungsbildes, aber dennoch in seiner Wirkungsweise für Bauch und Po sehr effektiv, ist folgende Übung:

»Entschlackungshelfer« (ohne Foto)

Nehmen Sie im Sitzen eine gerade Körperhaltung ein, ziehen mit dem Einatmen den Bauch ein und lockern ihn beim Ausatmen wieder. Beim nächsten Atemzug spannen Sie die Gesäßmuskulatur an und lassen beim Ausatmen wieder los. Danach ziehen Sie beim Einatmen gleichzeitig den Bauch ein und spannen das Gesäß an – loslassen beim Ausatmen. Diese Übung machen Sie immer dann, wenn Sie Lust dazu haben.

»Der Wadlbeißer« (ohne Foto)

Setzen Sie sich bequem hin und strecken Sie die Beine aus. Nur die Fersen berühren den Boden. Kreisen Sie in beiden Richtungen mit den Fußspitzen, danach bewegen Sie sie auf und ab. Dann stellen Sie die Beine gerade nebeneinander, so daß die Knie im rechten Winkel abgeknickt sind. Heben Sie nun beide Fersen an und drücken Sie gleichzeitig mit den Zehenballen auf den Boden. Sie spüren sofort, wie sich die Wadenmuskulatur anspannt. Übertreiben Sie diese Übung nicht, damit es nicht zu schmerzhaften Krämpfen kommt. Dann setzen Sie die Fersen ab und heben die Zehen – jetzt merken Sie, daß die Schienbeinmuskulatur arbeitet. Wiederholen Sie beide Übungen 5mal.

»Türdiener« (Foto 3)

Eine Übung aus dem Body-Building, die sowohl den Oberschenkel streckt und trainiert als auch den Körper mit einer kräftigen Sauerstoffzufuhr versorgt.

Öffnen Sie die Tür und umfassen Sie mit der einen Hand die Außenklinke, mit der anderen die Innenklinke. Strecken Sie die Arme und gehen Sie in die Knie. Lassen Sie Ihr Gewicht dabei ganz langsam nach hinten auf die Fersen sinken. Und zwar so weit, daß Ihre Oberschenkel parallel zum Boden abfedern können. Beim Beugen der Knie kräftig einatmen, beim Aufstehen ausatmen. Achten Sie darauf, daß Sie die Beine beim Aufstehen nicht ganz durchstrecken, um die Gelenke und Bänder zu schonen. Maximal 10mal hintereinander. Nach einer kurzen Pause diese Übung noch 2mal wiederholen.

 Foto 3

»Die Zitronenpresse« (Foto 4)

Die Innenschenkel werden optimal gestärkt. Statt einer Zitrone darf ein unerledigter Ordner für diese Übung herhalten. Setzen Sie sich gerade auf Ihren Stuhl und klemmen sich den Ordner fest zwischen die Oberschenkel. Nehmen Sie nun die Hände weg und pressen Sie ihn mit maximalem Krafteinsatz mit Ihren Schenkeln zusammen. Halten Sie dabei den Rücken unbedingt gerade! Halten Sie die Spannung 5 Sekunden lang, halten dann den Ordner wieder mit Ihren Händen fest und lösen allmählich die Spannung. 10mal wiederholen.

Foto 4

Goldene Tips, nicht nur für Ihre Beine

Wenn Sie Venenerkrankungen und Durchblutungsstörungen vermeiden wollen, dann beachten Sie auch diese Regeln:

- Keine Schuhe mit zu hohen Absätzen tragen!
- Nicht mit übereinandergeschlagenen Beinen sitzen!
- Morgens und abends Wechselduschen!
- Geben Sie das Rauchen auf!
- Keine Stühle mit zu harter oder zu hoher Sitzfläche! Die Oberschenkel sollten nicht aufliegen und die Knie nicht zu stark abgewinkelt sein.
- Schwimmen ist der ideale Ausgleichssport für Herz und Kreislauf!
- Ernährung immer cholesterinarm!
- Beine zwischendurch hochlagern!
- Vermeiden Sie deutliches Übergewicht!

Mittwoch: Schulter, Nacken, Brust und Arme

Nackenschmerzen sind neben Rückenschmerzen ein weiterer »Büroklassiker«. Was gäbe man nicht für eine wohltuende Massage nach stundenlanger Computerarbeit... Nackenschmerzen sind in der Regel eine Kombination aus Haltungsschwäche, die also von der Wirbelsäule herrührt, und einer psychologischen Komponente. Der Hals muß den Kopf halten, der angesichts der anfallenden Arbeit, des Stresses und der Hektik manchmal bleischwer erscheint. Die logische Folge ist, daß sich die Trägermuskeln verspannen oder gar verkrampfen. Machen Sie Ihren Masseur mit folgenden Übungen arbeitslos:

»Gewichtheben»

Setzen Sie sich aufrecht auf einen Stuhl und rücken diesen gut einen Meter vom Schreibtisch ab. Die Füße stehen schulterbreit auseinander, der Rücken ist gerade gestreckt.

Nun nehmen Sie sich zwei Aktenordner, stellen sie senkrecht auf die Oberschenkel und umfassen jeweils einen Ordner mit sicherem Griff am Rücken. Heben Sie die Akten an, und stemmen Sie sie langsam senkrecht nach oben, bis die Arme fast durchgestreckt sind. Senken Sie sie dann allmählich nur bis auf Schulterhöhe ab. Beim Heben der Arme atmen Sie aus, beim sanften Absenken ein. Wiederholen Sie diese Übung 10mal.

»Stuhlquetsche«

Sie stellen sich hinter Ihren Stuhl und beugen minimal die Knie. Nun umfassen Sie mit den Händen auf beiden Seiten die äußeren Seiten der Rückenlehne und drücken diese, so fest Sie können, zusammen. Halten Sie die Spannung 5 Sekunden lang, bevor Sie die Kraftanstrengung wieder lösen. Diesen Vorgang wiederholen Sie 5mal.

»Der lange Hals« (Foto 5)

Setzen Sie sich gerade hin, die Füße und Knie stehen etwa schulterbreit auseinander. Verschränken Sie die Zeigefinger und legen Sie die Hände unter das Kinn. Halten Sie beide Ellbogen waagerecht und stemmen Sie die Füße gegen den Boden. Nun drücken Sie mit dem Kinn die Hände nach unten, aber gleichzeitig mit den Händen das Kinn nach oben. Sie fühlen förmlich, wie beide Kräfte sich aufheben und Ihr Hals um Zentimeter wächst. Wenn Sie die Spannung nicht mehr steigern können, halten Sie diesen Extremdruck noch für 5 Sekunden aus und lassen dann sehr langsam los. Achten Sie darauf, daß der Kopf in der Verlängerung der Wirbelsäule gehalten werden muß. Nicht nach vorn oder hinten abknicken! Zur Entspannung lassen Sie Arme und Kopf nach vorn hängen und schütteln die Arme aus. Wiederholen Sie die Übung bis zu 5mal.

Foto 5

»Computerakrobatik« (Foto 6)

Macht Computerarbeit krank? Nicht unbedingt. Denn wer den Bogen raus hat, kann sogar während der Arbeit die Schulter-, Nacken- und Armmuskulatur perfekt kräftigen. Doppelte Effektivität – welcher Boß mag das nicht?

Setzen Sie sich gerade hin und achten Sie darauf, daß Sie möglichst nicht mit ausgestrecktem Arm den Monitor berühren können. Greifen Sie mit der linken Hand unter die Tastatur, so wie ein Kellner sein Tablett hält, und balancieren Sie sie so aus, daß Sie sie problemlos mit der linken Hand halten können. Dann strecken Sie diesen Arm in Richtung Bildschirm aus und schreiben mit der rechten Hand Ihren Brief oder was gerade anfällt. Wenn das nicht gleich so auf Anhieb klappt, versuchen Sie erst einmal, das Alphabet zu tippen.

Brechen Sie diese Übung sofort ab, wenn sich Muskelzittern einstellen sollte. Wechseln Sie auch die Seite: Tastatur in die rechte Hand und Schreiben mit links – selbst wenn Sie Rechtshänder sind. Danach kreisen Sie einige Male mit den Schultern nach hinten.

 Foto 6

»Schreibtisch-Herkules« (ohne Foto)

Sie sitzen aufrecht am Schreibtisch und legen die gestreckten Hände mit den Handinnenflächen nach oben unter die Platte. Versuchen Sie nun, den Tisch anzuheben und 5 Sekunden lang kräftigen Zug aufzubauen. Dann entspannen Sie für 2 Sekunden. Wiederholen Sie diesen Vorgang 3mal und legen dann die Hände flach mit den Innenflächen nach unten auf den Tisch. Tun Sie jetzt so, als ob Sie die Platte ohne aufzustehen herunterdrücken wollten – ebenfalls 5 Sekunden lang. Druck lösen und 2 Sekunden entspannen. Wiederholen Sie das Ganze 3mal. Anschließend schütteln Sie die Hände aus und kreisen mit den Schultern einige Male nach vorn und nach hinten.

Vorsicht: Machen Sie die Übung nur an Schreibtischen mit fest verschraubter Tischplatte!

Notprogramm bei Nackenverspannungen

Wenn mal wieder alle Last auf Ihren Schultern bürdet und Sie sich am liebsten vor Schmerzen eine Krankschreibung ausstellen lassen möchten, dann schieben Sie dringend das Notprogramm ein. Scheinbar wie durch ein kleines Wunder werden sich die Verspannungen lösen.

■ Übung 1

Sitzen Sie gerade, ohne ein Hohlkreuz zu machen. Lassen Sie den Kopf ganz langsam auf die Brust sinken und verharren Sie so 20 Sekunden lang. Danach schauen Sie mit aufrecht gehaltenem Kopf so weit über die linke Schulter nach hinten wie möglich und wiederholen dieselbe Bewegung, blicken aber diesmal über die rechte Schulter. Nun senken Sie den Kopf zur linken Schulter ab, halten diese Dehnung 20 Sekunden lang, bevor Sie den Kopf zur rechten Schulter absenken. Den gesamten Übungskomplex 3mal ausführen.

Achtung: Die Schultern müssen immer tief gehalten werden.

■ Übung 2

Sitzen Sie gerade und stellen Sie die Füße schulterbreit auf den Boden. Verhaken Sie die Finger beider Hände fest ineinander und heben Sie die Arme, bis beide Ellbogen eine gerade Linie vor Ihrer Brust bilden. Nun ziehen Sie beide Arme so fest auseinander, wie es nur möglich ist, und halten diese Höchstspannung für mindestens 5 Sekunden, selbst wenn Ihre Arme zu zittern beginnen sollten. Ziehen Sie auf keinen Fall den Kopf zwischen den Schultern ein! Dann sehr langsam die Spannung abbauen und dabei die Arme sinken lassen. 3mal wiederholen.

Streicheleinheiten für müde Hände

Die Hände sind unser wichtigstes Instrument und in ihrem komplexen Aufbau ein kleines Wunder der Natur. An den Enden von Speiche und Elle bilden acht Wurzelknochen ein hochkompliziertes Multifunktionsgelenk. Die Knochen sind nur mit Bändern fixiert und werden von 36 Muskeln bewegt. Die Hauptkraft der Hand stammt aus den Muskeln des Unterarms. Die Hand besteht mehr aus Sehnen als aus Muskeln. Die Finger sind sogar völlig muskelfrei.

Im Büro werden die Hände teilweise übel mißhandelt, da falsche Bewegungsabläufe wie die unkorrekte Bedienung der Computertastatur böse Folgen haben kann. Das häufigste Krankheitsbild: Sehnenscheidenentzündung. Deswegen ein paar Anhaltspunkte, wie Sie Ihre Gelenke am schonendsten behandeln:

- Nie die Tastatur auf den Knien oder Oberschenkeln balancieren.
- Die Ellbogen sollten sich immer über der Ebene der Tastatur befinden.
- Die Handgelenke ruhen am besten auf einer Gummistütze unmittelbar vor der Tastatur.
- Die Handgelenke in regelmäßigen Abständen immer wieder ausschütteln und lockern.

Weitere Tips für müde Hände:

- Arme langsam in die Höhe heben und dabei die Hände schütteln. Nicht winken, sondern die Hände seitlich dabei hängen lassen.
- Jede Hand mit der anderen energisch abstreifen. Stellen Sie sich vor, Sie müßten enganliegende Gummihandschuhe abstreifen.
- Jeden einzelnen Finger im Füllfederhaltergriff – Finger zwischen Daumen, Zeige- und Mittelfinger der anderen Hand – von der Spitze bis zum Ansatz fest und mehrmals abstreifen. So, als würden Sie sich einen engen Ring überstreifen.

Donnerstag: Bauch und Rumpf

Der Bauch ist das Stiefkind im Büro. Vernachlässigt und unterfordert wird er zum Lieblingsplatz für die Ansammlung von Fettdepots. Ohne Training wird er schnell schlaff, aufgebläht oder wabbelig. Aber abgesehen vom wenig attraktiven optischen Anblick gibt es auch ein physiologisches Problem. Auf den Punkt gebracht: Die Bauchmuskulatur soll in ihrer Funktion der Rückenmuskulatur unterstützend zuarbeiten, damit die Wirbelsäule optimal entlastet wird. Allerdings wäre es Augenwischerei zu behaupten, daß Fettzellen durch Übungen verschwinden. Das ist schlichtweg falsch. Richtig ist, daß Fettzellen nur in ihrem Volumen verringert werden. Um dieses Ziel zu erreichen, im folgenden ein paar effektive Übungen fürs Büro, die allerdings nur in Verbindung mit richtiger Ernährung und einer Ausdauersportart* den Bauch schön straff und flach werden lassen.

»Nußknacker« (ohne Foto)

Setzen Sie sich in aufrechter Haltung auf Ihren Stuhl. Unmittelbar vor Ihnen steht Ihr Schreibtisch, auf dessen solide Platte Sie Ihre Handinnenflächen legen. Noch stehen Ihre Füße etwa schulterbreit auf dem Boden. Nun heben Sie langsam die Knie und pressen sie allmählich von unten gegen die Schreibtischplatte, während die Hände von oben den Druck verstärken. Bauen Sie eine maximale Kraftanspannung auf, so, als wenn Sie die Platte zwischen Ihren Knien und Händen wie eine Nuß knacken wollten. Halten Sie dabei die Schultern tief und den Rücken gerade. Verharren Sie auf dem Höhepunkt Ihres Kraftpotentials nach Möglichkeit 5 Sekunden und entspannen Sie sich dann. Wiederholen Sie diese Übung 10mal. Sie spüren schon während der Trainingseinheit, wie die geraden Muskeln gekräftigt werden.

■ Variante

Nun ändern wir die Beinbewegung. Anstatt beide Beine von unten gegen die Tischplatte zu drücken, wechseln sich rechtes und linkes Bein ab. Der von oben kommende Druck beider Handinnenflächen bleibt bestehen. 10 mal im Wechsel wiederholen.

»Kraftakt« (ohne Foto)

Setzen Sie sich mit hüftbreit geöffneten Beinen auf Ihren Stuhl, der etwa 20 Zentimeter von Ihrem Schreibtisch entfernt steht. Legen Sie die rechte Hand auf die linke Schulter und die linke Hand auf die rechte – die Arme sind nun vor der Brust gekreuzt. Sie beugen sich jetzt in der Hüfte so weit nach vorn, daß die Unterarme die Tischkante berühren. Sie spannen den Bauch fest an, während der Rücken gerade gestreckt bleibt. Drücken Sie den Oberkörper jetzt so fest wie möglich gegen die Scheibtischkante, wobei die Unterarme Ihnen als Schutzpolster dienen. Halten Sie die Spannung 5 Sekunden lang und lösen sie dann allmählich. 5mal wiederholen.

* Siehe hierzu mein Buch »Ausdauertraining *easy*«, ht 984.

»Windschief« (Foto 7)

Räumen Sie die nie enden wollende Arbeit auf Ihrem Schreibtisch ein wenig zur Seite, so daß Sie Platz haben, sich bequem auf die Platte zu setzen. Stellen Sie Ihre Füße mit den Fersen auf einen Stuhl. Die Zehenspitzen müssen in die Luft zeigen. Nun heben Sie Ihre Oberschenkel gerade so weit, daß sie den Schreibtisch nicht mehr berühren. Gleichzeitig lehnen Sie sich zurück. Etwa so weit, daß Ihr Rücken mit der Arbeitsplatte einen 45-Grad-Winkel bildet. Verharren Sie in dieser Haltung 5 Sekunden, bevor Sie wieder die Schenkel senken und in die aufrechte Sitzhaltung zurückkehren. Um besser das Gleichgewicht zu halten, dürfen Sie ruhig Ihre Arme nach vorn ausstrecken. Sie spüren, daß die Bauch- und die Rückenmuskulatur gleichermaßen angespannt werden. 5mal wiederholen.

Foto 7

»Wetterhahn« (Foto 8)

Suchen Sie sich ein mindestens 90 Zentimeter langes Band. Ob Sie nun Ihren eigenen Gürtel aus den Rock- oder Hosenschlaufen ziehen oder sich die Krawatte des Kollegen ausleihen, bleibt ganz Ihrer Phantasie überlassen. Spannen Sie das Band zwischen Ihren Händen und heben Sie die Arme so hoch und hinter den Kopf, daß Ober- und Unterarm im rechten Winkel zueinander stehen; die Schultern bleiben tief. Die Füße stehen dabei fest auf dem Boden, während Sie stabil mit dem ganzen Po auf Ihrem Arbeitsstuhl sitzen. Sie bleiben mit dem Oberkörper und den Armen genau in dieser Position, während Sie sich nun hin- und herdrehen, wobei zu beachten ist, daß die Hüften nicht mitbewegt werden dürfen. Der Drehpunkt ist die Taille. Drehen Sie den Kopf nicht mit, sondern halten Sie den Blick immer nach vorn gerichtet. Statt nachzufedern, versuchen Sie, die Dehnung 5 Sekunden zu halten, bevor Sie die denselben Bewegungsablauf in die andere Richtung starten. Jede Seite 3mal, und dann noch eine halbe Minute im schnellen, aber vorsichtigen Wechsel.

Foto 8

Freitag: Das Kompakt-Programm

Fast geschafft. Die Arbeitswoche ist am Abend vorbei, das Wochenende lacht. Statt körperlich völlig gerädert in den Freitag zu starten, werden Sie bemerken, daß Ihre körperliche Verfassung dank des 5-Minuten-Programms schon ungewohnt entspannt sein wird. Wenn Sie sich nun die letzten vier Tage lang korrekt an das Muskelgruppen-Programm gehalten haben, sollte es Ihnen ein leichtes sein, jetzt noch das fünfte Trainingspaket zu absolvieren. Wie der Name schon sagt, werden dabei alle trainierten Bereiche gleichermaßen beansprucht. Ein gelungener, runder Abschluß der Arbeitswoche.

»Kopfnicken« (ohne Foto)

Sie sitzen mit geradem Rücken ohne Hohlkreuz auf Ihrem Stuhl. Die Arme hängen locker an den Seiten runter. Lassen Sie nun ganz langsam den Kopf nach vorn sinken – ohne Anstrengung und Wippen. Geben Sie einfach der Schwerkraft nach und schließen dabei die Augen. Versuchen Sie, Ihr Kinn auf dem Brustbein aufliegen zu lassen. Dann heben Sie sehr langsam den Kopf, bis er wieder in gerader Position ist (nicht nach hinten fallen lassen!). Nun senken Sie ihn langsam nach rechts in Richtung Schulter. Atmen Sie mit geschlossenen Augen ruhig und gleichmäßig in die Spannung hinein, bevor Sie den Kopf bewußt langsam wieder aufrichten und auf die linke Seite absenken. Sie dehnen die rückseitige und seitliche Halsmuskulatur. Diese Übung können Sie 5mal durchführen.

»Riesenwuchs« (ohne Foto)

Stehen Sie auf und legen Sie beide Hände gefaltet hinter Ihren Nacken. Sie stehen aufrecht mit gestrecktem Rücken, die Beine stehen schulterbreit auseinander und leicht gebeugt. Spannen Sie zunächst den Bauch und den Po fest an. Dabei drücken Sie die Ellbogen nach hinten. Bauen Sie nun langsam einen gleichmäßigen Druck auf: Einerseits will der Kopf nach hinten, andererseits versuchen die Hände im Nacken, dies zu verhindern. Die Schultern nicht hochziehen! Steigern Sie den Druck langsam, bis Sie meinen, ihn nicht mehr halten zu können. Dann zählen Sie extrem langsam bis fünf und nehmen den Druck im Zeitlupentempo zurück. Sehr wichtig: Unbedingt die Langsamkeit beachten! Wenn Sie die Übung richtig ausgeführt haben, werden Sie das Gefühl haben, plötzlich um ein paar Zentimeter zu wachsen.

»Der Schiefe Turm von Pisa« (ohne Foto)

Falten Sie im Stehen die Hände hinter Ihrem Rücken und führen Sie die Arme bis unter die Schulterblätter. Ihre Füße stehen wieder schulterbreit auseinander, die Schultern sind gesenkt, der Po und der Bauch angespannt. Bleiben Sie aufrecht stehen. Die Hände dürfen auf keinen Fall das Gesäß berühren. Halten Sie die größte Spannung für rund 5 Sekunden an und geben Sie den Druck langsam wieder auf, um schließlich in die Senkrechte zurückzukehren. Sie dehnen die Brustmuskulatur. 5mal wiederholen.

»Der unsichtbare Stuhl« (Foto 9)

Stellen Sie sich mit dem Rücken an die Wand, wobei Sie die Füße etwa 30 Zentimeter von der Wand abgerückt plazieren. Dann rutschen Sie mit dem Rücken langsam die Wand hinunter. Wenn Ihre Beine einen rechten Winkel bilden und Ihr Rücken fest an der Wand anliegt, verharren Sie 10 Sekunden lang in dieser Position. Sie sitzen quasi auf einem unsichtbaren Stuhl und werden rasch bemerken, wie sehr diese Übung in die Oberschenkel geht. Sollte sich Brennen oder Muskelzittern einstellen, brechen Sie vorzeitig ab. Wiederholen Sie die Übung 10mal und legen Sie dazwischen kurze Pausen mit Lockerungsübungen ein. Durch konstantes Training werden Ihre Oberschenkel immer belastbarer und kräftiger.

Foto 9

Glückwunsch! Mit einem guten Gefühl haben Sie Ihr Wochenprogramm abgeschlossen. Es versteht sich von selbst, daß das 5-Minuten-Programm nicht nur am Arbeitsplatz ausgeübt werden kann, sondern überall. Egal, wo Sie sind – zu Hause, bei Freunden, auf einer Dienstreise oder, oder: Pausen sind Trainingszeit! Einen Ordner oder ein dickes Buch, Tisch oder Stuhl lassen sich überall finden. Nützen und überbrücken Sie wenn möglich alle Wartezeiten oder Leerläufe.

Extra-Tips für den Alltag

Abschließend noch ein paar Ratschläge, wie Sie neben den Übungen noch einen unterstützenden Effekt erzielen können.

- Versuchen Sie immer, im wahrsten Sinne des Wortes Haltung zu bewahren. Auch beim Sitzen: kein Rundrücken, kein Hohlkreuz! Zwingen Sie sich stets dazu, gerade zu sitzen, und balancieren Sie ständig Ihre Wirbelsäule aus. Für Vergeßliche sind in diesem Fall die großen Gymnastikbälle ideal, die für einige Stunden am Tag als besonders rückenfreundliche und preiswerte Arbeitsstühle gelten.
- Richtiges Bücken und Aufheben will gelernt sein, um Wirbelsäule und Rückenmuskulatur zu entlasten. Nicht mit dem Kreuz, sondern mit Hilfe der Oberschenkel soll gehoben werden. Im Klartext: Beugen Sie sich nicht aus dem Stand nach vorn sondern gehen Sie mit geradem Rücken in die Hocke, fassen das Gewicht/den Gegenstand und drücken sich mit den Beinen wieder hoch.
- Sparen Sie nicht am Schuhwerk! Mit Einlagen oder Luftpolstern lassen sich Rückenschmerzen oft schon vermeiden.
- Gönnen Sie sich den Luxus, und kaufen Sie sich eine nicht zu weiche, gesunde Matratze. Die Wirbelsäule braucht im Schlaf eine optimale Ruhelage.

IV. Das 15-Minuten-Programm für zu Hause

Sie sind ja nun bestens geübt in Sachen Zwischendurch-Training. Sie haben die spürbaren Erfolge verbucht, merken, wie Ihr Körper und Ihr Gemüt wieder an Spannkraft gewinnen. An diesem Punkt sollten Sie nicht stehenbleiben. Also, raffen Sie sich auf und gönnen Sie Ihrem Körper täglich weitere 15 Minuten zur Kräftigung.

Keine Zeit? Doch. Selbst wenn Sie der bedauernswerte Sklave eines prallgefüllten Terminkalenders sind, können Sie trotzdem ein Viertelstündchen für die etwas ausführlichere Minutengymnastik *easy* rausschlagen. Wie? Indem Sie vielleicht nicht mehr unter der Dusche weiterdösen, bis das Bad dampft. Wenn Sie nicht mehr hinter der dritten Tasse Kaffee versacken oder auch die Zeitungslektüre auf später verschieben. Es geht. Und Sie beginnen Ihren Tag nicht mehr gequält und müde, sondern frisch und fit. Schneller als Sie denken, werden Sie schon nach kurzer Zeit nicht mehr auf die Frühgymnastik verzichten wollen. Mehr noch. Das körperliche Training ist ideal, um den typischen Schreibtischschmerzen ihren Nährboden zu entziehen. Kopfschmerzen, Verspannungen und Müdigkeitsattacken werden an Ihnen wie an einer Rüstung abprallen.

Natürlich ist die 15-Minuten-Version auch zu jeder anderen Tageszeit machbar, an der es Ihr Organisationsplan zuläßt. Wichtig ist lediglich, daß Sie sich an diesen neuen Tagesordnungspunkt genauso gewöhnen wie an das tägliche Duschen. Minutengymnastik *easy* ist der Garant für gute Laune, einen klaren Kopf und positive Ausstrahlung.

Das erwartet Sie

Das 15-Minuten-Programm ist so strukturiert, daß von Montag bis Samstag im Wechsel speziell eine der besprochenen Problemzonen gestärkt wird. Nach Lust und Laune können Sie aber diese Übungsblöcke selbst auf die Wochentage verteilen und müssen sich nicht strikt an den von mir vorgegebenen Wochenplan halten. Vorgestellt werden insgesamt sechs Trainingspakete, wobei die Problemzone Bauch durch ein doppeltes Training besonders hervorgehoben wird. Diese Region zählt bei den meisten Menschen zur größten Schwachstelle, denn gerade dort setzen sich mit Vorliebe die Fettpölsterchen an. Außerdem ist die Bauchmuskulatur häufig so ungenügend gekräftigt, daß der Rücken kaum Unterstützung in der Aufrechthaltung der Wirbelsäule erfährt.

Selbstverständlich können Sie Ihre Gewichtung zeitweise auch auf nur eine Problemzone verlegen, indem Sie genau diesen Übungsblock, beispielsweise für die Oberschenkel, öfter machen als die anderen. Trotzdem sollten Sie die übrigen Problemzonen nicht ganz außer acht lassen. Eine einzelne Körperpartie nur isoliert zu betrachten wäre verkehrt. Sie ist immer Teil eines sinnvoll funktionierenden Gesamtkomplexes, der kontinuierliche Bewegung und gezieltes Training braucht.

Vor Beginn des 15-Minuten-Programms prägen Sie sich bitte folgende Regel ein:

Wichtig: Bei allen Übungen, die nicht gehalten, sondern mit einem Bewegungsrhythmus durchgeführt werden, gilt folgende Faustregel: Zählen Sie sowohl bei der Belastung als auch bei der Entlastung langsam bis zwei. Um die Dauer der Übungen möglichst genau einzuhalten, zählen Sie am besten wie folgt: 21 – 22.

Warm-up – das Aufwärmprogramm

Welche Bedeutung hat ein Warm-up?

Ein Training startet nie ohne ein Warm-up! Das Aufwärmen zählt zu den wichtigsten Regeln, die es bei jedem Sport einzuhalten gilt. Ziel des Warm-up ist die Vorbereitung beziehungsweise Einstimmung von Körper und Geist auf die nachfolgenden Belastungen. Ein dreiminütiges Warm-up ist vor Beginn des 15-Minuten-Programms ein unbedingtes Muß, damit Sehnen, Bänder, Gelenke und Muskeln vor einer Verletzungsgefahr ausreichend geschützt sind. Auch passives Aufwärmen wie Massagen sind geeignet, aber aktive Bewegungen sind in Relation dazu wesentlich sinnvoller, da der Körper in vielerlei Hinsicht besser auf das nachfolgende Programm vorbereitet wird.

Die Vorzüge des Warm-up auf einen Blick:

- Ansteigen der Herzfrequenz,
- Regulation des Blutdrucks,
- Steigerung der Muskeldurchblutung,
- Erhöhung der Körper- und Muskeltemperatur,
- erhöhte Dehnbarkeit des Muskels,
- Verdickung der Gelenkknorpel,
- Einstimmung von Kapseln, Bändern und Sehnen auf Belastung,
- größere Geschwindigkeit des zentralen Nervensystems,
- Vorbereitung der Psyche auf das folgende Programm.

So wird's gemacht (Foto 10)

Vor jedem 15-Minuten-Training beginnen Sie mit dem dreiminütigen Warm-up wie folgt:

- Sie stellen sich gerade hin und winkeln die Arme locker an. Nun heben Sie die Fersen abwechselnd an und senken sie; die Fußspitzen behalten immer Bodenkontakt, die Knie sind leicht gebeugt. Sie beginnen langsam und erhöhen dann allmählich die Geschwindigkeit. Dauer: rund 1 Minute.
- Weiter geht's mit Marschieren: Möglichst flott ziehen Sie die Knie so hoch an, daß Oberkörper und -schenkel einen rechten Winkel bilden. Der Oberkörper darf aber dabei nicht in der Hüfte abknicken; der Rücken bleibt gestreckt! Achten Sie außerdem darauf, daß Sie die Füße von den Zehenspitzen bis zu den Fersen ganz abrollen. Und: Versuchen Sie, diese Abrollbewegung möglichst sanft und leise durchzuführen, denn dadurch erhöhen Sie automatisch die Muskelspannung. Die Arme sind angewinkelt und schwingen locker gegengleich mit. Sie marschieren etwa 2 Minuten auf der Stelle und werden danach deutlich spüren, daß Ihnen wärmer ist und Sie sich locker bewegen können.

Foto 10

Montag: Übungen für den Rücken

Die folgenden Übungen lindern Schmerzen, bieten aktive Entspannung und beugen Schäden vor. Wichtig ist, daß Sie immer gleichmäßig atmen, vor allem, wenn es sich um eine Halteübung handelt. Die auf Seite 16 erwähnte Anspannung-Entspannung-Atmung wenden Sie dann an, wenn Sie Übungen mit rhythmischem Bewegungsablauf durchführen. Und: Ziehen Sie bei jeder Übung den Bauch ein, weil Bauch- und Rückenmuskeln als Gegenspieler arbeiten. Die Übungen strengen an und erfordern Ausdauer. Bleiben Sie bitte in der Durchführung konsequent, um das gewünschte Ziel zu erreichen.

Übung A (Foto 11)

Zur Einstimmung soll die gesamte Rückenmuskulatur verbessert werden. Sie brauchen entweder eine Matte, ein Handtuch oder einen Teppich. Gehen Sie in den Vierfüßlerstand: Die Knie und Arme sind dabei schulterbreit geöffnet, die Fingerspitzen weisen nach vorn. Achten Sie darauf, daß Oberschenkel und Bauch, Brust und Arme jeweils einen rechten Winkel bilden. Das Gewicht gleichmäßig auf Hände und Knie verteilen. Der Rücken ist gerade und lang, der Kopf in der Verlängerung der Wirbelsäule. Nicht ins Hohlkreuz fallen!

Tip: Ziehen Sie den Bauch ein und spannen ihn an!

Nun heben Sie zuerst den rechten Arm und dann das linke Bein zu einer geraden Linie. Der aufgestützte Arm darf nicht ganz durchgedrückt sein. Sie atmen ganz gleichmäßig, während Sie in dieser Haltung 30 Sekunden verharren. Sie müssen das Gefühl haben, als zöge jemand an Bein und Arm gleichzeitig.

Danach gehen Sie wieder in den Vierfüßlerstand, machen einen Katzenbuckel zur Entspannung und wiederholen die Übung seitenverkehrt. Jede Seite 3mal wiederholen.

Foto 11

Übung B (Foto 12)

Bei dieser Übung wird der gesamte Rückenstrecker gekräftigt.

Sie setzen sich bequem auf die Unterschenkel und verschränken die Hände im Nacken. Heben Sie nun den Po und halten ihn wenige Zentimeter über den Füßen. Aufpassen: Die Halswirbelsäule bildet eine Linie mit dem Rücken! Nun beugen Sie sich mit dem aufrechten, gestreckten Oberkörper im Zeitlupentempo nach vorn – die Beugung erfolgt in der Hüfte. So weit wie Sie können, ohne dabei das Gleichgewicht zu verlieren. Halten Sie diese Position 30 Sekunden, kehren Sie wieder in die Anfangsposition zurück und entspannen Sie sich 15 Sekunden. Wiederholen Sie diese Übung 5mal.

Machen Sie sich keine Sorgen, wenn Sie den Oberkörper nicht besonders weit vorbeugen können. Beginnen Sie in diesem Fall die Beugung nur schwach, und erhöhen Sie sie von Mal zu Mal. Bald wird diese Übung nach konsequentem Training für Ihre Rückenmuskulatur kein Problem mehr sein.

 Foto 12

Übung C (Foto 13)

Legen Sie sich bequem auf den Bauch und betten Sie Ihren Kopf auf Ihre als Polster dienenden zusammengelegten Hände. Beugen Sie die Unterschenkel so weit, bis Ober- und Unterschenkel im rechten Winkel zueinander stehen. Die Fersen pressen Sie fest zusammen, die Fußspitzen ziehen Sie zum Schienbein heran – diese Anspannung während der ganzen Übung nie lösen. Als nächsten Schritt heben Sie die Knie minimal vom Boden und drücken sie dabei so weit wie möglich nach außen – atmen Sie dabei ein. Spannen Sie den Po ebenfalls ganz bewußt an. Nun drücken Sie die Knie wieder zusammen, berühren aber nicht wieder den Boden und atmen aus. Diesen Bewegungsvorgang wiederholen Sie ohne Pause 15mal. Dann entspannen Sie kurz, machen einen Katzenbuckel und wiederholen den gesamten Komplex noch zwei weitere Male.

Tip: Legen Sie sich ein Kissen oder ein zusammengerolltes Handtuch unter den Bauch, um die Lendenwirbel zu entlasten. Und niemals die Oberschenkel zu hoch anheben, da es dann zu einer schädigenden Hohlkreuzbildung kommt.

Foto 13

Übung D (Foto 14)

Sie liegen entspannt und ausgestreckt auf dem Bauch, die Stirn auf dem Boden, der Nacken lang und gerade. Die Beine sind durchgedrückt und ganz gestreckt, die Fußspitzen fest auf den Boden gestellt, die Arme nach vorn ausgestreckt. Sie spannen den Po fest an und heben die Arme 10 Zentimeter vom Boden. Nun ziehen Sie die Arme angewinkelt bis auf Schulterhöhe zu sich heran und strecken sie wieder nach vorn aus. Diesen Bewegungsablauf machen Sie 15mal, pausieren dann 15 Sekunden und wiederholen dann den gesamten Komplex ein weiteres Mal.

■ Variante

Sie bleiben in der oben beschriebenen Ausgangsposition und ändern nur die Armbewegung: Beugen Sie die Arme und berühren den Hinterkopf leicht mit den Fingerspitzen – die Ellbogen befinden sich rechts und links neben den Ohren. Ohne Kopf und Brust vom Boden zu lösen, heben Sie *nur* die Ellbogen an, spannen fest den Po an und atmen dabei aus. Beim Absenken der Ellbogen atmen Sie ein, berühren aber nie die Unterlage. 20mal ohne Pause wiederholen.

Foto 14

Wichtig: Führen Sie diese Bewegung unbedingt langsam, fließend und konzentriert aus. Atmen Sie beim Vorstrecken der Arme gleichmäßig ein und beim Heranziehen wieder aus. Der obere Rücken wird so optimal gestärkt. Zur anschließenden Dehnung setzen Sie sich mit dem Po auf die Fersen, legen die Stirn vor den Knien auf den Boden und strecken die Arme ganz lang nach vorn aus. Entspannen Sie eine halbe Minute.

Übung E (ohne Foto)

Diese Übung dient der Mobilisation des gesamten Rückens. Gehen Sie in den Vierfüßlerstand. Nun senken Sie vorsichtig den Rücken ausnahmsweise ins Hohlkreuz, heben den Kopf dabei leicht an und atmen aus. Dann drücken Sie den Rücken so weit wie möglich nach oben und rollen den Kopf fest zur Brust ein. Tief mit der Bewegung einatmen. Lassen Sie es vorsichtig angehen und erhöhen Sie nur langsam den Bewegungsspielraum. 6mal diese Übung ausführen und dabei beachten, daß jede Rundung rund 4 Sekunden dauern soll und jede Rückkehr in die Waagerechte ebenfalls 4 Sekunden.

Dienstag: Übungen für den Bauch

Weniger ist mehr. Im Klartext: Übertreiben Sie nicht mit dem Training der Bauchmuskulatur, sondern halten Sie sich bitte genau an die angegebenen Instruktionen. Untrainierte können zu Beginn die Übungen verkürzen, wenn sie den Eindruck haben, sich zu überfordern. Bei regelmäßigem Training werden Sie schnell merken, daß Sie das vorgegebene Pensum bald mit links meistern, weil sich Ihr Körper allmählich an die zunächst ungewohnten Bewegungsvorgänge gewöhnt. Aber auch dann gilt: Nicht mehr machen als gefordert. Übertriebener Ehrgeiz ist hier völlig fehl am Platz.

Die Struktur der Bauchmuskulatur ändert sich erfreulicherweise verblüffend schnell und ist bei einem Menschen mit geringem Körperfettanteil sofort gut sichtbar. Wer einen höheren Fettanteil hat, wird den raschen Erfolg zwar nicht sofort sehen, aber dafür auf jeden Fall erfühlen können. Legen Sie mal während eines Trainings die Hand auf den Bauch, und drücken Sie bei der Belastung auf die Muskulatur – Sie werden spüren, daß sich die Muskeln wesentlich härter anfühlen als zu Beginn der Minutengymnastik *easy*.

Wer allerdings nicht nur neu aufgebaute Muskelmasse spüren, sondern auch sehen will, muß endlich den Fettpölsterchen den Garaus machen. Dies ist nur möglich, wenn die Übungen mit einer fettarmen, ausgewogenen Ernährung und einem leichten, aber regelmäßigen Herz-Kreislauf-Training kombiniert werden. Im Klartext: Fettablagerungen können langfristig nur dann wirksam abgebaut werden, wenn das Ausdauer- und Krafttraining im Verhältnis 3 : 1 steht.

Übung A (Foto 15)

Sie trainieren in erster Linie die gerade Bauchmuskulatur. Legen Sie sich mit dem Rücken auf den Boden. Verschränken Sie die Hände im Nacken und winkeln Sie die Beine im rechten Winkel an. Die Füße berühren nur mit den Fersen die Unterlage, die Fußspitzen ziehen Sie zu den Schienbeinen heran. Die 90-Grad-Stellung hat den Vorteil, daß der Hüftbeuger gänzlich ausgeschaltet ist. Wenn Sie die Beine der Länge nach flach ausgestreckt hätten, würden Sie eine ernsthafte Schädigung der Wirbelsäule riskieren. Sie blicken stets nach vorn und drehen den Kopf auch nicht zwischendurch zur Seite, so schonen Sie die Halswirbelsäule. Während des gesamten Bewegungsablaufs drücken Sie Ihre Lendenwirbelsäule fest auf den Boden.

Nun heben Sie den Oberkörper: Erst den Kopf, dann die Halswirbelsäule, und schließlich noch die Schulterblätter. Halten Sie die Spannung für einen Augenblick und senken dann den Oberkörper wieder ab, ohne daß der Kopf den Boden berührt. Bemühen Sie sich, die Ellbogen ganz nach außen zu drücken und zu fixieren, gleichzeitig drücken Sie den Hinterkopf in die Hände. Wiederholen Sie diese Übung 20mal. Bei der Belastung – also beim Heben des Oberkörpers – atmen Sie aus, bei der Entlastung – also beim Senken des Oberkörpers – atmen Sie ein.

 Foto 15

Übung B (Foto 16)

Sie liegen auf dem Rücken. Stellen Sie Ihre Füße fest auf den Boden. Sie drücken die Füße so dicht wie möglich aneinander und ziehen sie an den Po heran. Nun senken Sie, so weit Sie können, vorsichtig das rechte Knie zur rechten Seite ab, das linke zur linken. Der untere Rücken liegt dabei fest auf der Unterlage. Der Kopf sollte nicht überstreckt liegen, das heißt, Sie versuchen, mit dem Kinn ein dickes Doppelkinn zu machen.

Nun heben Sie leicht den Kopf, so daß er kaum mehr den Boden berührt, behalten die Doppelkinnposition aber bei. Ihre Arme sind nach vorn lang ausgestreckt, die Hände sind angewinkelt, die Fingerspitzen zeigen senkrecht in die Höhe. Jetzt ziehen Sie den Oberkörper so weit hoch, daß die Schulterblätter nicht mehr den Boden berühren. Achten Sie unbedingt darauf, daß der Lendenwirbelbereich immer fest auf der Unterlage bleibt. Vergessen Sie nicht, die Arme weit nach vorn gestreckt zu halten. Sie müssen das Gefühl haben, daß sich die unteren Rippen Ihren Beckenknochen annähern. Bei der jetzt größten Anspannung atmen Sie tief aus, während Sie den Bauch eingezogen halten. Ganz langsam lösen Sie die Spannung und kehren in die Ursprungsposition zurück. Dabei atmen Sie ein. Aber: Nicht den Kopf hinlegen, sondern weiterhin halten.

Diese Übung für die gerade Muskulatur des Oberbauchs wiederholen Sie 20mal.

Foto 16

Übung C (Fotos 17 und 18)

Sie bleiben wie gehabt in der Rückenposition liegen und trainieren nun den unteren Bauch. Sie verschränken wieder die Hände im Nacken, halten den Kopf minimal angehoben und drücken die Ellbogen nach außen. Heben Sie die Beine, bis die Oberschenkel annähernd einen rechten Winkel zum Oberkörper bilden und die Unterschenkel zum Oberschenkel.

Nun ziehen Sie die Knie in Richtung Brust an. Der Po löst sich also von der Unterlage, während die Lendenwirbelsäule und die Schulterblätter festen Kontakt behalten. Dabei atmen Sie aus.

Kehren Sie langsam in die Ausgangsposition zurück, und atmen Sie dabei ein. 20mal wiederholen.

Foto 17

■ Variante

Sie können die Übung variieren und damit erschweren, indem Sie gleichzeitig mit dem Heranziehen der Knie auch den Oberkörper anheben. Synchron kehren Oberkörper und Beine dann wieder in die Ausgangsposition zurück. So trainieren Sie neben den unteren auch die oberen Bauchmuskeln.

Wichtig: Führen Sie diese Übung nicht mit Schwung aus, da sonst der gewünschte Trainingseffekt ausbleibt. Kehren Sie in die Ausgangsposition zurück und atmen dabei ein. Den rechten Winkel von Oberkörper und -schenkel unbedingt einhalten, um die Wirbelsäule zu schonen. Achten Sie unbedingt darauf, daß der Bewegungsablauf rhythmisch und gleichmäßig verläuft. Werden Sie nicht zu schnell.

Foto 18

Übung D (Foto 19)

Eine recht anstrengende, aber effektive Übung für den schrägen Bauchmuskel. Auf dem Rücken liegend werden die Beine wieder im rechten Winkel aufgestellt. Nun legen Sie das rechte Fußgelenk auf das linke Knie ab und drehen das rechte Knie nach außen. Der rechte Arm ist lang zur Seite ausgestreckt und die Handinnenfläche liegt auf dem Boden. Die linke Hand befindet sich im Nacken. Jetzt heben Sie den Oberkörper, bis die Schulterblätter nicht mehr den Boden berühren, und drehen ihn dann nach rechts in Richtung rechtes Knie. Versuchen Sie dabei, den linken Ellbogen leicht überdehnt an der Seite zu halten. Ihre linke Schulter sollte während der Übung immer vor dem linken Ellbogen bleiben. Am höchsten Punkt der Bewegung ist es Ihnen erlaubt, sich ein bißchen auf Ihre nach außen abgelegte Hand abzustützen. 20mal ausführen und dann sowohl die Arm- als auch die Beinposition wechseln. Beim Heben des Oberkörpers atmen Sie aus, beim Absenken atmen Sie ein – der Kopf ist leicht angehoben.

 Foto 19

Übung E (ohne Foto)

Ein weiteres Training der schrägen Bauchmuskulatur: Sie liegen auf dem Rücken, stellen beide Beine schulterbreit geöffnet mit den Fersen auf den Boden und ziehen die Fußspitzen in Richtung Schienbein heran. Ober- und Unterschenkel bilden einen 90-Grad-Winkel. Nun legen Sie beide Beine zur rechten Seite ab, der Rücken bleibt dabei in gestreckter Haltung. Ziehen Sie den Oberkörper geradlinig so weit nach oben, daß die Schulterblätter den Bodenkontakt verlieren. Dabei atmen Sie tief aus. Die lang ausgestreckten Arme mit ineinander verschränkten Händen befinden sich beim Heben des Oberkörpers knapp über dem linken Hüftknochen. Dann senken Sie den Oberkörper sanft wieder ab, berühren mit dem Kopf aber nicht den Boden und atmen tief ein. Wiederholen Sie diese Übung 10mal und wechseln Sie dann die Seite. Ebenfalls 10mal durchführen.

Übung F (ohne Foto)

Hier werden sowohl die oberen und unteren als auch die schrägen Bauchmuskeln gekräftigt. Sie liegen auf dem Rücken, haben die Beine im 90-Grad-Winkel gebeugt und die Füße mit den Fersen und zum Schienbein herangezogenen Fußspitzen aufgestellt. Verschränken Sie die Hände im Nacken, halten die Ellbogen zur Seite und heben leicht den Kopf an. Nun ziehen Sie das rechte Knie langsam zum Oberkörper heran und senken es wieder ab. Als nächsten Schritt ziehen Sie das rechte Knie erneut an und heben gleichzeitig auch den Oberkörper – absetzen.

Und noch einen Grad schwieriger: Beim Anziehen des Knies heben Sie den Oberkörper und drehen ihn leicht nach rechts – absenken. Beim Heben atmen Sie immer aus, beim Absenken ein. Wechseln Sie die Seiten und wiederholen den gesamten Bewegungsablauf im Wechsel jeweils 10mal.

■ Entspannung
Nach diesen Bauchübungen bleiben Sie auf dem Rücken liegen, senken dann die angewinkelten Beine gemeinsam zur rechten Seite. Ihre Schultern bleiben fest am Boden liegen und Ihren Kopf drehen Sie zur linken Seite. In dieser Position entspannen Sie eine Minute lang, atmen dabei tief ein und aus – und wechseln dann die Seite. Ihre Bauchmuskeln werden so wieder gedehnt.

Mittwoch: Übungen für Schulter, Nacken, Brust und Arme

Übung A (Fotos 20 und 21)

Hier wird die Schulter- und Nackenmuskulatur besonders beansprucht. Stellen Sie sich gerade hin, die Beine etwas mehr als schulterbreit gegrätscht und gebeugt, die Fußspitzen und Knie sind leicht nach außen gedreht. Die Arme hängen locker an den Seiten runter. In den Händen halten Sie jeweils eine mit Wasser gefüllte Plastikflasche/Hantel oder etwas Vergleichbares von ungefähr 1 Kilogramm Gewicht. Nun heben Sie die Arme seitlich von unten bis auf Schulterhöhe an. Die Ellbogen sind leicht angewinkelt, die Handrücken zeigen nach oben. Im rhythmischen Auf und Ab – aber ohne Schwung! – heben und senken Sie die Gewichte. Beim Heben atmen Sie aus, beim Senken ein. Im Bewegungsablauf nie über die Schulterhöhe hinauskommen und den Oberkörper stabil halten. Po und Bauch sind fest angespannt, damit der Rücken entlastet ist. 10mal wiederholen.

 Foto 20

Variante

Die Beinposition bleibt, während sich die Armbewegungen ändern. Die Arme befinden sich jetzt vor und nicht mehr neben dem Körper. Die Hände, die die Flaschen so umfassen, daß sie sich waagerecht zum Boden befinden, weisen mit den Innenflächen nach unten. Heben Sie nun die Arme lang ausgestreckt bis auf Schulterhöhe, achten aber darauf, daß die Ellbogen nicht ganz durchgedrückt sind. Dann senken Sie die Arme wieder in die Ausgangsposition ab.

Bei der Hochbewegung atmen Sie tief aus, beim Absenken ein. Wenn Sie noch dazu in der Lage sind: Verlangsamen Sie das Tempo wieder um die Hälfte – sehr anstrengend! Schultern und Arme werden bei dieser Übung, die Sie 10mal wiederholen, optimal gekräftigt.

Foto 21

Übung B (Foto 22)

Eine sehr anstrengende Übung, die sowohl die Oberarme als auch die Brust und den oberen Rücken kräftigt. Falls Ihnen diese Übung am Anfang zu schwer ist, verringern Sie den Abstand zwischen Knien und Händen. Ansonsten führen Sie diese knienden Push-ups genau wie beschrieben aus.

Legen Sie sich auf den Bauch. Stellen Sie Ihre leicht nach innen gedrehten Hände ganz dicht neben den Schultern auf, während der Kopf gestreckt bleibt. Ziehen Sie nun die Unterschenkel so weit bis zum Po heran, daß Ober- und Unterschenkel einen rechten Winkel bilden, und kreuzen Sie sie. Sie spannen fest den Bauch und Po und strecken langsam die Arme durch. Achtung: Nicht ganz durchstrecken, damit die Gelenke nicht überbeansprucht werden. Der Körper bleibt fest und gespannt wie ein Brett, damit kein Hohlkreuz entsteht. Wenn Sie die Übung richtig ausführen, dann haben Sie in der größten Anspannung nur vier Auflagepunkte, nämlich die beiden Knie und die Hände. Beim Heben des Rumpfes atmen Sie aus, beim Senken wieder ein. Im langsamen Wechsel beugen und strecken Sie nun die Arme. 10mal wiederholen, bevor Sie sich auf den Bauch zurücklegen.

 Foto 22

Übung C (Fotos 23 und 24)

Eine Übung für die Arme (Trizeps). Setzen Sie sich auf den Boden, stellen Sie die Füße schulterbreit geöffnet auf und winkeln Sie die Beine leicht an. Die Hände stützen Sie ebenfalls schulterbreit – mit den Fingerspitzen in Richtung Po – hinter Ihrem Körper auf. Die Arme sind im Ellbogen etwas gebeugt. Nun heben Sie den Po etwa 20 Zentimeter zu einer leichten Brücke vom Boden, so daß Ihr Gewicht gleichmäßig auf Hände und Füße verteilt ist. Jetzt beugen Sie die Arme so weit, bis der Po fast den Boden berührt. Langsam die Arme wieder strecken, aber niemals ganz im Ellbogen durchdrücken, damit die Gelenke geschont werden. Versuchen Sie diese abwechselnde Beuge- und Streckbewegung der Arme möglichst gleichmäßig und langsam durchzuführen. Wenn Sie ein Brennen in der hinteren Oberarmmuskulatur spüren, setzt der Trainingseffekt ein. Anschließend setzen Sie sich auf den Po, schütteln Hände und Arme locker aus. Wiederholen Sie diese Übung 10mal.

Foto 23

■ Variante für Fortgeschrittene (ohne Foto)
Wieder zeigen die Fingerspitzen der hinter dem Körper aufgestützten Hände zum Po. Heben Sie das Becken wie oben beschrieben. Nun legen Sie die rechte Ferse auf das linke Knie und drehen Ihr rechtes Knie nach außen. Strecken und beugen Sie wie vorher beschrieben die Arme, und zwar 10mal. Dann wechseln Sie die Beinposition. Dadurch, daß Ihre Arme, bei dieser Variante mehr Gewicht tragen müssen, ist sie um einiges schwerer auszuführen als die vorangegangene Übung.

Foto 24

Übung D (Fotos 25 und 26)

Für Brust, Schultern und Rücken. Nehmen Sie zwei griffige Gewichte Ihrer Wahl von etwa 1 Kilogramm und halten Sie sie fest in den Händen. Stellen Sie die Beine etwas mehr als schulterbreit geöffnet auseinander und gehen dabei ganz leicht in die Knie. Die Fußspitzen und Knie zeigen leicht nach außen. Spannen Sie den Po und den Bauch an und halten Sie diese Spannung während der ganzen Übung, damit Sie den Rücken entlasten.

Nun heben Sie die Arme seitlich bis auf Schulterhöhe und winkeln sie im Ellbogengelenk an. Unter- und Oberarm müssen einen 90-Grad-Winkel bilden. Die Handrücken zeigen in dieser Position nach hinten.

Führen Sie die Arme langsam von der Seite nach vorn zusammen, bis sich die Unterarme leicht berühren, und atmen dabei aus. Kehren Sie dann in die Ausgangsposition zurück und atmen ein. Achten Sie darauf, daß die Ellbogen während des Bewegungsablaufs auf Schulterhöhe bleiben. Nur dann ist eine optimale Stärkung der Brust-, Schulter- und Rückenpartie gewährleistet. 20mal wiederholen.

Foto 25

Übung E (ohne Foto)

Trainiert wird der Schultermuskel. Sie stehen aufrecht, die Beine sind leicht gegrätscht und im Kniegelenk leicht gebeugt. Sie spannen Po und Bauch an. Heben Sie nun die Arme zur Seite, so daß Hände, Ellbogen und Schultern eine Linie bilden, und ändern Sie diese Haltung nie während des Übungsablaufs. Die Arme sind ausgestreckt und werden angespannt, während die Hände zu Fäusten geballt sind und die Handrücken nach unten zeigen. Nun drehen Sie die Arme inklusive Schultern so weit wie möglich nach vorn ein, bis die Handrücken nach vorn zeigen. Dabei atmen Sie aus. Dann drehen Sie über die Grundposition hinaus Arme und Schultern zurück und atmen wieder ein. Wiederholen Sie diese Übung 20mal.

- Entspannung

Kreisen Sie mit den Schultern 15mal langsam nach hinten, strecken dann Ihre Arme nach oben, verschränken die Hände ineinander und ziehen die Arme nach hinten. Halten Sie diese Position für 5 Sekunden und senken Sie die Arme wieder ab. Wiederholen Sie diese Entspannungsübung mehrmals.

Foto 26

Donnerstag: Übungen für Po und Hüfte

Übung A (Foto 27)

Sie trainieren mit dieser Übung die rückseitige Oberschenkel- und Pomuskulatur. Gehen Sie in die Bankstellung, das heißt, das Gewicht verteilt sich auf die Knie und die Unterarme, wobei die Knie sich exakt unter den Hüften, die Ellbogen unter den Schultern befinden. Der Rücken ist gestreckt und der Kopf in Verlängerung der Wirbelsäule. Die Augen blicken zu Boden. Heben Sie das rechte Bein einen Zentimeter an, und beachten Sie, daß Ober- und Unterschenkel exakt einen rechten Winkel bilden. Dieser Winkel muß während der gesamten Übung beibehalten werden. Nun führen Sie das Bein ohne Schwung so weit nach hinten, bis der Oberschenkel waagerecht auf Pohöhe ist, und führen es dann langsam wieder in die Ausgangsposition zurück, ohne das Bein auf den Boden abzusetzen.

Wichtig: Das arbeitende Bein nicht über die Waagerechte hinaus führen, da sonst die Wirbelsäule schadhaft überstreckt wäre. Das gilt besonders für Menschen mit Bandscheibenproblemen! Und, bitte nicht vergessen: Das Körpergewicht immer gleichmäßig auf Unterarme und Standbein verteilen. Auf keinen Fall soll die Last ganz auf das Standknie verlagert werden.

Foto 27

Atmen Sie in der Anspannungsphase – also beim Heben des Beins – aus und während der Entspannung ein. Bemühen Sie sich, den Po so fest wie möglich anzuspannen und den Bauch nach innen zu ziehen. Wiederholen Sie diese Übung pro Bein 20mal.

Übung B (Foto 28)

Eine Übung für die Gesäß- und Hüftmuskulatur. Legen Sie sich auf den Rücken. Der Kopf ist nicht überstreckt, sondern die Halswirbelsäule bildet mit dem Rumpf eine gerade Linie. Die Arme liegen parallel neben dem Körper, während die Beine so angewinkelt sind, daß die Füße fest und in hüftbreitem Abstand auf dem Boden stehen. Spannen Sie den Po stramm an. Nun heben Sie langsam das Becken und senken es langsam wieder ab, ohne die Unterlage zu berühren. Beim Heben des Beckens atmen Sie aus, beim Senken atmen Sie ein. Achten Sie unbedingt darauf, daß sich nur die Lendenwirbelsäule vom Boden löst, die Schulterblätter aber Haftung behalten. Keinesfalls darf das Gewicht auf den Nacken verlagert werden. 20mal durchführen.

 Foto 28

■ Variante 1 (Foto 29)
Folgende Übung können Sie direkt anschließen: Legen Sie die rechte Ferse auf das Knie des Standbeins, drehen es nach außen und heben und senken – wie soeben beschrieben – das Becken. Nach 10maliger Wiederholung wechseln Sie die Beinposition.

■ Variante 2
Statt die Ferse auf dem Knie abzulegen, strecken Sie es jetzt senkrecht in die Höhe. Nun führen Sie die beschriebene Auf- und Abbewegung des Beckens durch und senken dabei nie das Bein ab. Nach 10maligem Wiederholen wechseln Sie das Bein und wiederholen noch mal den Übungsblock.

■ Variante 3
Das senkrecht in die Höhe gestreckte Bein wird hier nun bei jedem Absenken des Beckens so gebeugt, daß sich das leicht nach außen gedrehte Knie seitlich vom Körper befindet, und berührt mit der Ferse kurz das Knie des aufgestellten Beins, bevor es sich mit der Hochbewegung des Beckens wieder nach oben streckt. 10mal wiederholen, dann Beinwechsel und erneut 10mal durchführen.

Foto 29

Übung C (Foto 30)

Hier wird der äußere Pomuskel sehr stark beansprucht. Legen Sie sich entspannt auf die linke Seite. Der Kopf ruht auf dem linken Unterarm, der Rücken ist gerade. Wollen Sie auf Nummer Sicher gehen, legen Sie sich an eine Wand. Nun ziehen Sie die Beine zum Oberkörper heran, so daß Oberkörper, Oberschenkel und Unterschenkel jeweils im rechten Winkel zueinander stehen. Nun heben Sie das rechte Bein etwa 30 Zentimeter hoch – atmen dabei aus – und senken es langsam wieder ab, ohne es ganz auf das linke Bein abzulegen. Achten Sie darauf, daß das Becken beim Heben des Beins stabil bleibt und sich nicht nach hinten bewegt. Die Fußspitzen müssen in Richtung Schienbein weisen, denn dadurch erreichen Sie eine erhöhte Muskelanspannung und Stabilität im gesamten Bein. Die Knie müssen während der Übung ebenfalls nach vorn zeigen.

Wiederholen Sie diese Bewegung 20mal pro Bein oder so lange, bis das Brennen im äußeren Pomuskel auftritt. Danach wechseln Sie die Seite.

Foto 30

Übung D (Foto 31)

Optimal trainiert werden der rückseitige Oberschenkel und der große Gesäßmuskel. Legen Sie sich auf den Rücken, der Kopf ist in Verlängerung der Wirbelsäule, und die Arme liegen neben dem Körper. Winkeln Sie nun das linke Bein an, während das rechte senkrecht in die Höhe gestreckt ist. Nun heben und senken Sie das Becken, ohne den Boden zu berühren. Spannen Sie dabei Oberschenkel und Po fest an. Das gesamte Gewicht ruht nun auf Ihren Schultern und dem oberen Rücken. Beim Hochheben des Beckens atmen Sie aus, beim Absenken ein. Jedes Bein führt diese Bewegung 20mal aus.

- Entspannung

Auf dem Rücken liegend strecken Sie das linke Bein aus, das rechte Bein winkeln Sie an, umfassen den Unterschenkel mit beiden Armen und ziehen ihn 30 Sekunden zur Brust. Danach die Beine wechseln.

Foto 31

Freitag: Übungen für die Beine

Übung A (Foto 32)

Die Wadenmuskulatur wird spürbar gekräftigt. Nehmen Sie sich das Telefonbuch und legen Sie es im Abstand von rund 10 Zentimetern vor die Zimmerwand. Nun stellen Sie sich so auf das Buch, daß die Fußspitzen zur Wand zeigen und die Fersen über die hintere Kante des Buches herausragen. Stützen Sie sich mit der gesamten Handinnenfläche an der Wand ab, wobei die Hände sich auf Schulterhöhe befinden. Aus den Waden drücken Sie nun den voll angespannten und durchgestreckten Körper hoch. Sie stehen jetzt auf den Zehenspitzen. Dann lösen Sie die Spannung in den Waden und senken die Fersen so weit ab, bis Sie fast den Boden berühren. Beim Heben der Fersen atmen Sie aus, beim Absenken ein. Pro Fuß 10mal wiederholen. Schütteln Sie die Beine locker aus und beginnen Sie erneut.

- Variante für Fortgeschrittene

Winkeln Sie das linke Bein an und führen Sie die Übung nur auf das rechte Beine gestützt durch. Wechseln Sie anschließend die Beine. 10mal pro Bein wiederholen.

 Foto 32

Übung B (Fotos 33 und 34)

Ein Training der Oberschenkelmuskulatur. Stellen Sie sich aufrecht hin, wobei die Beine etwa schulterbreit geöffnet und leicht gebeugt sind. Achten Sie darauf, daß die Fußspitzen und Knie unbedingt ganz nach vorn zeigen. Nun senken Sie den Po bis fast auf Kniehöhe nach hinten, so als wollten Sie sich auf einen Stuhl setzen. Das Gewicht muß seinen Schwerpunkt auf den Fersen statt auf den Fußballen haben. Verharren Sie in dieser Haltung eine Sekunde und richten Sie Ihr Augenmerk darauf, daß Sie in dieser Position die Knie nie über die Fußspitzen nach vorn schieben. Nur so können Sie Ihr Kniegelenk schonen. Nun richten Sie sich wieder auf, ohne die Knie allerdings ganz durchzustrecken. Beim Aufrichten müssen Sie ausatmen, beim Absenken einatmen. Wiederholen Sie diese Übung 20mal oder so lange, bis Sie ein starkes Brennen in den Oberschenkelmuskeln fühlen. Beine ausschütteln und noch mal von vorn anfangen.

Foto 33

■ Variante 1

Sie halbieren jetzt das Tempo der Hoch-tief-Bewegung und ändern zusätzlich noch die Armbewegung: In der Tiefphase sind die Arme weit nach vorn ausgestreckt, allerdings nicht im Ellbogen ganz durchgedrückt. In der Hochphase winkeln Sie dann die Arme so vor dem Körper an, daß sich der Oberarm neben dem Körper befindet und der Unterarm einen rechten Winkel zum Oberarm bildet. Etwa so wie die Armhaltung beim flotten Gehen, nur daß die Arme nicht gegengleich, sondern gleichzeitig vorgehen und die Handinnenflächen zueinander weisen. 10mal wiederholen.

■ Variante 2

Sie verzichten auf die Hoch-Tief-Bewegung im Wechsel, sondern verharren nur so lange in der Tiefhaltung mit vorgestreckten Armen auf Schulterhöhe, bis sich das gerade erwähnte Brennen in den Oberschenkeln einstellt, und richten sich erst dann wieder auf. Schütteln Sie Beine und Arme gut aus, bevor Sie diesen Vorgang noch einmal wiederholen.

Foto 34

Übung C (Foto 35)

Sie trainieren den vorderen und hinteren Oberschenkelmuskel sowie den Po. Halten Sie einen Stock oder Besenstiel mit beiden Händen (etwa 1 Meter Abstand) im Nacken. Dabei stehen Sie locker und aufrecht. Nun machen Sie mit dem rechten Bein einen Ausfallschritt nach vorn, setzen dabei zuerst die Ferse und dann den ganzen Fuß auf. Das hintere Bein bleibt stehen, hat aber nur noch mit der Fußspitze Bodenhaftung, da Sie die Ferse anheben müssen.

Jetzt beugen Sie beide Beine, bis Ober- und Unterschenkel ungefähr einen rechten Winkel miteinander bilden. Der Oberkörper bleibt dabei aufrecht, das Gewicht in der Mitte. Am tiefsten Punkt der Beugephase, das hintere Knie berührt fast den Boden, ist darauf zu achten, daß das vordere Knie sich nicht vor den Zehenspitzen befindet, sondern genau über der Ferse, damit keine Überbelastung im Kniegelenk entsteht. Nun drücken Sie sich mit dem vorderen Fuß wieder kräftig nach hinten hoch, atmen dabei tief aus und stellen Ihre Füße wieder nebeneinander in die Ausgangsposition zurück. Ohne Pause wechseln Sie nun die Beine, machen links einen großen Schritt nach vorn und atmen dabei ein. Diese Übung wiederholen Sie pro Bein 20mal.

Foto 35

Übung D (Foto 36)

Für die Oberschenkelinnenseiten. Legen Sie sich auf die linke Seite, Ihren Kopf auf den linken Oberarm, wobei der Kopf immer in der Verlängerung der Wirbelsäule zu halten ist. Nun ziehen Sie Ihr oberes, also rechtes Bein so weit zum Oberkörper heran, bis ein 90-Grad-Winkel entsteht. Das rechte Knie bleibt etwa 10 Zentimeter über dem Boden und ist leicht gebeugt. Der rechte Fuß liegt auf seiner Innenseite am Boden. Sie stützen sich mit Ihrer rechten Hand auf Brusthöhe ab und stabilisieren dabei Ihr Gleichgewicht. Jetzt heben Sie so weit wie möglich das untere ausgestreckte Bein und senken es dann langsam wieder ab, berühren aber nicht den Boden. Führen Sie diese Bewegung ohne Schwung aus, und achten Sie darauf, daß während des Übungsablaufs die Fußspitze ganz weit zum Schienbein herangezogen ist und die Fußinnenseite nach oben zeigt. Beim Heben des Beins atmen Sie aus, beim Senken ein. 20mal wiederholen, und dann die Seite wechseln.

Übung E (ohne Foto)

Die Bauchmuskulatur und beide Beine werden gestärkt. Setzen Sie sich mit geradem Rücken auf den Boden. Die Beine sind lang ausgestreckt und bilden mit dem Oberkörper einen rechten Winkel. Nur die Finger berühren rechts und links von der Hüfte den Boden, die Ellbogen sind leicht angewinkelt. Schlagen Sie nun die gestreckten Beine übereinander und drücken Sie die Beine, so fest Sie können, gegeneinander. Sie atmen dabei möglichst ruhig und gleichmäßig. Spannung 10 Sekunden halten und lösen. Die Beinstellung wechseln. Pro Seite 3mal wiederholen.

 Foto 36

■ Entspannung
Auf dem Rücken liegend strecken Sie das linke Bein aus und das rechte Bein senkrecht in die Höhe. Umfassen Sie mit den Händen den rechten Oberschenkel und ziehen Sie ihn behutsam so weit zum Oberkörper heran, wie es Ihnen ohne Schmerz möglich ist. Halten Sie das Bein 30 Sekunden lang in dieser Position und atmen dabei gleichmäßig ein und aus. Nicht nachfedern! Wechseln Sie dann die Beine.

Samstag: Weitere Übungen für den Bauch

Übung A (Foto 37)

Zur Stärkung der oberen geraden Bauchmuskeln. Legen Sie sich auf den Rücken, verschränken Sie die Hände im Nacken und drücken die Ellbogen ganz zur Seite. Der Kopf bleibt wie gewohnt in der Verlängerung zur Wirbelsäule, darf also nicht in der Halswirbelsäule nach vorn abknicken. Nun stellen Sie den linken Fuß so auf, daß Ober- und Unterschenkel einen rechten Winkel bilden, und ziehen die Fußspitze zum Schienbein heran. Das rechte Bein legen Sie mit der Außenferse auf das linke Knie und drehen Ihr rechtes Knie ganz nach außen. Jetzt heben Sie langsam Ihren Oberkörper so weit, daß die Schulterblätter keinen Bodenkontakt mehr haben. Dabei atmen Sie tief aus. Mit dem Einatmen senken Sie den Oberkörper wieder ab, achten aber darauf, daß der Kopf gehalten wird, also nicht den Boden berührt, und beginnen nahtlos von neuem. Die Übung insgesamt 20mal pro Bein wiederholen.

Foto 37

Übung B (Foto 38)

Durch dieses Training der queren Bauchmuskeln tragen Sie erheblich dazu bei, Ihre Körperhaltung zu verbessern. Sie bleiben in der Rückenlage und haben die Arme lang ausgestreckt neben Ihren Körper gelegt. Nun ziehen Sie die Beine zum Oberkörper heran. Und zwar so weit, daß Oberkörper und Oberschenkel im rechten Winkel zueinander stehen. Strecken Sie die Beine jetzt nach oben aus, überkreuzen die Unterschenkel und strecken die Füße. Zeitgleich spannen Sie die Po- und Bauchmuskeln maximal an und versuchen dabei, das Becken so weit wie möglich vom Boden zu heben. Die Lendenwirbelsäule muß aber unbedingt fest auf der Unterlage liegen bleiben. Beim Heben des Beckens aus-, beim Senken einatmen – auf gar keinen Fall im Moment der Anstrengung die Luft anhalten. 10mal wiederholen, kurz pausieren, und noch mal von vorn beginnen.

Foto 38

Übung C (Fotos 39 und 40)

Die geraden oberen Bauchmuskeln werden optimal trainiert. Legen Sie sich entspannt mit dem Rücken auf den Boden. Die Arme befinden sich über dem Körper und die Handinnenflächen werden wie zum Gebet über dem Bauchnabel zusammengelegt. Die schulterbreit geöffneten Beine sind angewinkelt mit den Fersen auf dem Boden aufgestellt, die Fußspitzen zeigen nach oben. Der Kopf ist in der Verlängerung der Wirbelsäule und knapp über dem Boden. Spannen Sie nun die Bauchmuskeln an, pressen die Handinnenflächen zusammen und heben gleichzeitig langsam den Oberkörper vom Boden. Allerdings nur so weit, bis gerade die Schulterblätter den Boden verlassen. Beim Heben des Oberkörpers atmen Sie tief aus und schieben die Hände senkrecht nach oben. Nun senken Sie den Oberkörper wieder langsam ab, lockern den Druck zwischen den Händen und ziehen die Arme wieder zu sich heran. Dabei atmen Sie tief ein. 20mal wiederholen. Achten Sie darauf, den Kopf niemals hinzulegen.

Foto 39

Foto 40

Übung D (Fotos 41 und 42)

Eine Übung für die geraden oberen und unteren Bauchmuskeln. Sie bleiben auf dem Rücken und verschränken die Hände im Nacken. Ihr Kopf ist in der Verlängerung der Wirbelsäule, und die Ellbogen sind so weit wie möglich nach außen gedrückt. Sie stellen die Füße auf die Fersen und ziehen die Zehenspitzen zum Schienbein heran. Unter- und Oberschenkel sollten annähernd einen 90-Grad-Winkel bilden. Nun legen Sie die rechte Ferse auf das linke Knie und drehen das rechte Knie etwas nach außen. Jetzt strecken Sie den Unterschenkel des rechten Beins nach oben und heben gleichzeitig den Oberkörper, bis die Schulterblätter den Boden nicht mehr berühren. Atmen Sie dabei aus. Nun stellen Sie mit dem gleichzeitigen Absenken des Oberkörpers den Fuß wieder auf das linke Knie ab. Atmen Sie dabei ein.

Folgende Aspekte sind besonders entscheidend: Der Kopf muß permanent knapp über dem Boden gehalten werden, die Ellbogen immer nach außen gedrückt. Der Oberschenkel des rechten Beins bleibt fixiert – nur der Unterschenkel wird gestreckt und gebeugt. Wiederholen Sie diese Übung 20mal und wechseln Sie dann die Beinposition.

Foto 41

■ Variante

Nehmen Sie die soeben beschriebene Grundstellung ein. Statt das aufliegende Bein zu bewegen, bleibt dieses nun fixiert. Anstelle dessen strecken und beugen Sie nun den Unterschenkel des Standbeins, achten aber darauf, daß beim Absenken des Unterschenkels die Ferse nur ganz sanft den Boden berührt, bevor Sie den Unterschenkel wieder strecken. Würden Sie die Ferse einfach locker abstellen, wäre die Spannung aus den Bauchmuskeln genommen und der Trainingseffekt stark reduziert. Außerdem achten Sie bitte darauf, daß der Oberschenkel des Standbeins stets fixiert bleibt. Auch hier heben Sie den Oberkörper gleichzeitig mit dem Strecken des Unterschenkels. 20mal wiederholen, bevor Sie die Seite wechseln.

Foto 42

Übung E (ohne Foto)

Zur Festigung der queren Bauchmuskulatur. Sie liegen auf dem Rücken und ziehen die Beine zum Oberkörper so weit heran, daß er mit den Oberschenkeln einen rechten Winkel beschreibt. Heben Sie nun den Kopf ein paar Zentimeter vom Boden und halten ihn so während des gesamten Übungsablaufs. Strecken Sie jetzt die Arme nach vorn aus und legen die Hände auf die Oberschenkel. Spannen Sie gleichzeitig Po und Bauch maximal an. Während die Hände kräftig gegen die Oberschenkel drücken, ziehen Sie die Oberschenkel mit Kraftanstrengung in Richtung Gesicht. Sie müssen bei dieser Übung möglichst gleichmäßig ein- und ausatmen und darauf achten, daß der Rücken fest in Verbindung mit der Unterlage bleibt. Erst nach 10 Sekunden lösen Sie die fixierte Position: Sie stellen die Füße wieder zurück auf den Boden, legen den Kopf hin und entspannen für ein paar Sekunden. Wiederholen Sie die Übung 5mal.

- Entspannung

Legen Sie sich auf den Rücken, winkeln Sie die Beine an und senken sie langsam nach rechts ab. Die Schultern bleiben dabei fest am Boden liegen. Wenden Sie den Kopf nach links und entspannen sich eine Minute lang bei gleichmäßiger Atmung. Dann wechseln Sie die Seite.

Der Sonntag ist ein übungsfreier Tag, den Sie sich auch gönnen sollten, wenn Sie Ihr tägliches 15-Minuten-Training konsequent durchgeführt haben. Schenken Sie Ihrem Körper und Ihren Muskeln guten Gewissens Erholung und Entspannung, um am Montag wieder neu durchzustarten!

V. Das Unterwegs-Programm

Die Straßen platzen vor Autos schier aus den Nähten. In Stadtbereichen ist zügiges, flüssiges Fahren kaum mehr möglich. Staus, rote Ampeln und Baustellen zwingen den Autofahrer zu ständigem »stop and go«. Verlorene, passive Zeit, die den Fahrer bewegungslos an den Autositz fesselt. Meistens ist dieser auch nicht gerade rückenfreundlich. Das Gesäß versinkt bei zu weichen Sitzen in den Polstern, wird von harten Sitzen traktiert, und außerdem ist die Sitzfläche in der Regel nach hinten abgeschrägt, was den Rücken unweigerlich in eine runde Haltung zwingt.

Tip: Sie helfen sich und Ihrer Wirbelsäule, wenn Sie ein Kissen oder eine Rolle in Höhe der Lendenwirbelsäule zwischen Rücken und Lehne schieben!

Trotz nerviger Warterei in langen Staukolonnen verlangt der Verkehr höchste Konzentration und ständigen Blickkontakt auf das Straßengeschehen. Sie können nicht nebenbei die Zeitung lesen, die Fingernägel lackieren oder noch rasch wichtige Unterlagen durchschauen. Machen Sie dieser passiven Lebensart im Pkw ein Ende! Mein »Unterwegs-Programm« ist ein aktives Krafttraining speziell für Autofahrer auf dem Weg zur Arbeit oder auf langen Dienst- oder auch Urlaubsreisen. Einige Übungen sind eigens zur Dehnung Ihrer Gliedmaßen auf Autobahnraststätten oder Parkplätzen gedacht, nachdem Sie vielleicht stundenlang starr hinter dem Steuer verharren mußten.

Tip: Machen Sie auf einer langen Fahrt mindestens alle zwei Stunden eine Pause. Die Wirbelsäule rächt sich schnell, wenn Sie sie mit stundenlanger Sitzerei quälen. Wenn Bänder, Bandscheiben und Muskeln kaum bewegt wurden, ist bei Vorgeschädigten ein Hexenschuß bereits beim einfachen Anheben von Koffern vorprogrammiert.

Isometrisches Training ist das ideale Programm für Ihren »eingeklemmten« Körper, der sich nach Entspannung und Bewegung sehnt. Bei isometrischen Übungen wird praktisch kein Weg zurückgelegt; sie werden mit maximaler Kraft gegen einen unüberwindlichen Widerstand ausgeführt. Neben fixen Gegenständen eignet sich der Körper selbst zu Widerstandsleistungen.

Jede Übung dauert nur 6 Sekunden. 3 Sekunden lang wird eingeatmet, 3 Sekunden lang ausgeatmet, um die sogenannte Preßatmung zu verhindern. Erleichtern Sie sich die richtige Atmung, indem Sie gedanklich langsam 21–22–23 zählen. Und: Keine der Übungen darf ruckartig ausgeführt werden. Im Gegenteil: Die Muskelspannung muß langsam, aber stetig auf- und abgebaut werden.

Übungen im Auto

Übung A (ohne Foto)

Ziel ist die Dehnung der Nacken- und Brustmuskulatur. Umfassen Sie mit beiden Händen rechts und links Ihre Kopfstütze im Auto, drücken Sie die Ellbogen möglichst weit nach außen und gleichzeitig den Kopf in die Kopfstütze hinein. Sie zählen dabei wie oben beschrieben bis drei, atmen dabei tief aus und lösen dann den Druck. Zählen Sie erneut bis drei (23) und atmen währenddessen tief ein. Achten Sie darauf, daß der Rücken die ganze Zeit über gestreckt bleibt, nicht rund an der Rückenlehne »klebt«, und die Halswirbelsäule ebenfalls gerade ist. Sie sollten diese Übung so oft wiederholen, bis Sie spüren, wie sich Ihr angestrengter Nacken entspannt und die Brustmuskeln gedehnt sind.

Übung B (ohne Foto)

Diese Übung trainiert den großen Gesäßmuskel, der während des Sitzens nur als Polster dient, kräftigt aber auch gleichzeitig den Darm und verhindert somit auch die Bildung von schmerzhaften Hämorrhoiden. Kneifen Sie während des Sitzens ganz fest Ihre Pobacken zusammen und wenden die bewährte Zählmethode an. Sie bauen allmählich Spannung auf, während Sie bis drei zählen und ausatmen. Dann lockern und einatmen. 5mal wiederholen. Nun steigern Sie die Geschwindigkeit: Pobacken anspannen, diesmal nur bis zwei (22) zählen, Spannung für 2 Sekunden lockern. 10mal wiederholen. Anschließend nur noch 1 Sekunde lang anspannen und entspannen – 20mal wiederholen.

Übung C (ohne Foto)

Tun Sie was für Ihren Bauch. Heben Sie die Beine, und stemmen Sie sie von unten gegen das Lenkrad. Sie können wahlweise die Hände am Lenkrad oder Sitz fixieren. Atmen Sie aus, wenn Sie Spannung aufbauen, und atmen Sie ein, wenn Sie die Oberschenkel vom Lenkrad lösen. Wiederholen Sie diese Übung 15mal, um die unteren geraden Bauchmuskeln zu stärken.

- Variante 1

Die oberen geraden Bauchmuskeln trainieren Sie, indem Sie beide Hände auf das Lenkrad legen und nun wie folgt Spannung aufbauen: Sie drücken von oben auf das Lenkrad, während die Oberschenkel von unten gegen das Lenkrad gestemmt werden.
Der 3-Sekunden-Takt muß eingehalten werden!

■ Variante 2
Zur Kräftigung der schrägen Bauchmuskeln stellen Sie sich das Lenkrad als eine Uhr mit Zifferblatt vor. Sie legen die rechte Hand auf zwei Uhr und heben den linken Oberschenkel, bis Sie die Stelle zwischen sieben und acht Uhr berühren. Nun bauen Sie Spannung auf, indem Sie von oben auf das Lenkrad und von unten dagegen drücken. Sie pressen quasi das Lenkrad zusammen und atmen dabei aus. Beim allmählichen Kraftabbau atmen Sie ein. 5mal wiederholen und dann die Bein- und Handposition wechseln.

Übung D (ohne Foto)

Wieder muß das Lenkrad für die Anspannung herhalten – diesmal für die Brust- und Schultermuskulatur. Sie packen es rechts und links, die Daumen zeigen zueinander und drücken mit maximaler Kraft, dabei atmen Sie aus. Lösen Sie die Spannung und atmen wieder ein. 10mal wiederholen.

Übung E (ohne Foto)

Sie kippen den Kopf langsam zur rechten Seite, bis Sie in der linken seitlichen Halsmuskulatur ein Ziehen spüren. Nach ein paar Sekunden verstärken Sie den Zug, indem Sie mit der rechten Hand, die die linke Schläfe berührt, den Kopf sanft zur rechten Seite drücken und gleichzeitig die linke Schulter nach unten ziehen. Halten Sie die Spannung dieses Mal 20 Sekunden und wechseln erst dann die Seite. Wiederholen Sie die Übung auf jeder Seite 2mal.

Übung F (ohne Foto)

Neben der Kräftigung der Oberschenkelmuskulatur werden auch die Brust- und Armmuskeln gestärkt. Der Schwerpunkt folgender Übung liegt auf der Stärkung der Oberschenkelinnenseite; doch auch Po und Bauch werden automatisch mittrainiert. Sie drücken die Knie und Oberschenkel so fest aneinander, als wollten Sie eine Nuß knacken. Spannung lösen und insgesamt 10mal wiederholen.

Auch für die Außenseiten des Oberschenkels gibt es eine simple Übung. Legen Sie die Hände an die Außenseiten der Oberschenkel. Nun drücken Sie mit den Händen kräftig gegen die Beine, während die Beine dem Zusammenpressen entgegenwirken und einen Gegendruck aufbauen. Wiederholen Sie ebenfalls 10mal.

Übungen auf dem Parkplatz

Parkplatzübung 1 (ohne Foto)

Eine angenehme Dehnung für den Schulter- und Brustbereich. Stellen Sie sich in einem Abstand von rund 1 Meter vor den Kofferraum oder die Motorhaube. Die Beine sind ganz leicht gebeugt und die Füße etwas mehr als hüftbreit auseinandergestellt. Nun legen Sie die Hände auf den Kofferraumdeckel und senken den Oberkörper so weit ab, bis er einen rechten

Winkel mit den Beinen bildet. Die Arme bleiben dabei durchgestreckt, der Kopf befindet sich nach unten blickend zwischen den Oberarmen. Die Wirbelsäule bildet eine waagerechte Gerade, und Sie müssen das Gefühl haben, als wenn der Po weit nach hinten gestreckt wäre. Halten Sie diese Position 15 Sekunden lang und wiederholen Sie sie 3mal.

Parkplatzübung 2 (Foto 43)

Nach stundenlangem Sitzen verlangen besonders die Waden und die hintere Oberschenkelmuskulatur nach Dehnung. Stellen Sie sich locker und entspannt neben Ihr Auto. Setzen Sie den Fuß des rechten Beins ungefähr 40 Zentimeter vor den linken Fuß; beide Beine sind leicht gebeugt. Nun ziehen Sie die rechte Fußspitze möglichst weit zum Schienbein hoch. Mit der rechten Hand stützen Sie sich am Auto ab, damit Sie das Gleichgewicht nicht verlieren. Die linke Hand hingegen stützen Sie auf dem linken Oberschenkel ab. Der Oberkörper ist in der Hüfte nach vorn gebeugt, während der Rücken gerade bleibt. Halten Sie die Dehnung für rund 15 Sekunden und wechseln Sie dann die Arm- und Beinposition. Dehnen Sie jedes Bein 3mal.

 Foto 43

VI. Minutengymnastik *easy* mit dem Partner

Wichtige Punkte für ein harmonisches Zusammenspiel

Egal ob mit der Freundin, dem Lebensgefährten oder einem Kollegen – das Minutenprogramm *easy* zu zweit ist eine angenehme Abwechslung und Bereicherung. Gegenseitige Motivation und Spaß am Miteinander tragen dazu bei, konsequent und regelmäßig zu trainieren.

Der übungsfreie Sonntag oder auch der Feierabend bieten sich für das Programm zu zweit besonders an. Der Partner der Wahl sollte Ihnen aber so weit vertraut sein, daß Sie harmonisch und mit gegenseitigem Einfühlungsvermögen miteinander umgehen, damit die Übungen nicht in einen falsch verstandenen Wettbewerb ausarten. Die Übungen zu zweit haben den Vorteil, daß man sich gegenseitig beobachten, korrigieren und unterstützen kann.

Aber Übungen zu zweit sind auch schwieriger, als sie auf den ersten Blick scheinen, denn es dauert erfahrungsgemäß eine gewisse Zeit, bis die Beteiligten zu einem gut eingespielten Team zusammengewachsen sind. Bedenken Sie, daß immer nur einem Partner die aktiv trainierende Rolle zufällt, während der andere dabei sanfte Hilfestellung leisten und die entgegensetzende Kraft richtig dosieren muß. Gar nicht so einfach. Wenn das Zusammenspiel nicht gleich auf Anhieb klappt, verzweifeln Sie nicht. Wenn Sie Hektik und perfektionistischem Denken erst gar keine Chance geben und Ihre Konzentration statt dessen auf ein sensibles Miteinander verwenden, ist es nur eine Frage der Zeit und Übung, bis Sie gemeinsam die Partnerübungen beherrschen. Nachfolgend ein paar Tips, die den Umgang miteinander erleichtern.

Bei allen folgenden Übungen gilt:

- Handfassungen dürfen kein krampfhaftes Umklammern sein.
- Machen Sie ein Stoppzeichen aus. Das vermittelt Sicherheit und vermeidet unnötiges Sprechen.
- Alle Hilfestellungen müssen sanft und behutsam, also ohne Druck ausgeführt werden.
- Körpergröße, Gewicht und Trainingsniveau der Partner sollten sich einigermaßen die Waage halten.

Fünf Übungen, die Spaß machen

Übung A (Foto 44)

Die vorderen Oberschenkelmuskeln werden im Duett trainiert. Stellen Sie sich mit Ihrem Partner Rücken an Rücken und verhaken Sie die Arme ineinander. Sie drücken sich ganz fest aneinander und gehen jeweils mit den Füßen in winzigen Schritten so weit nach vorn, bis Ober- und Unterschenkel in einem rechten Winkel zueinander stehen. Ihr Po und der Ihres Partners befinden sich nun auf einer Höhe, die Oberschenkel parallel zum Boden. Verharren Sie gemeinsam in dieser Position, bis sich ein Brennen in den Oberschenkeln einstellt. Dann ist es Zeit, in die aufrechte Ausgangsposition zurückzukehren. Schütteln Sie die Beine aus, bevor Sie einen neuen Versuch starten. Während der gesamten Übung atmen Sie gleichmäßig ein und aus. Wiederholen Sie die Übung 5mal.

Foto 44

Übung B (Foto 45)

Ein effektives Training für die schräge Bauchmuskulatur. Auf dem Rücken liegend strecken Sie Ihre Beine zur Decke. Ihr Partner macht es ebenso, so daß nunmehr Ihrer beider Po und Fersen sich gegenseitig berühren. Jeder von Ihnen stützt sich mit der linken Hand zur Seite ab, während die rechte in den Nacken gelegt ist. Der rechte Ellbogen bleibt die ganze Zeit über fest nach außen gedrückt. Der Kopf ist minimal angehoben, gerade so weit, daß er sich exakt in der Verlängerung der Wirbelsäule befindet. Nun heben Sie den Oberkörper und versuchen, mit der rechten Schulter das linke Knie zu berühren. Sie atmen dabei tief aus. Dann senken Sie den Oberkörper und atmen wieder tief ein. Ohne daß der Kopf den Boden berührt, wiederholen Sie diese Übung 20mal, bevor Sie und Ihr Partner die Armstellung wechseln.

Foto 45

Übung C (Foto 46)

Hier wird der Transversius – der quere Bauchmuskel – optimal trainiert. Einer von Ihnen legt sich auf den Rücken und streckt die Beine in die Luft. Der andere kniet dicht neben den Beinen und umfaßt die Unterschenkel. Der liegende Partner versucht nun, mit nicht ganz durchgestreckten Beinen die Füße in Richtung Decke zu schieben und dabei das Becken leicht anzuheben. Die Hände liegen währenddessen auf der unteren Bauchpartie.

Der stehende Partner unterstützt dieses Anheben des Beckens, indem er mit seinen Händen die Beine leicht nach oben zieht. Entweder halten Sie einen vorher vereinbarten Rhythmus ein, oder der stehende Partner übernimmt das Kommando. Achten Sie darauf, daß Sie bei der Belastung aus-, bei der Entlastung einatmen. Wiederholen Sie die Übung 20mal, bevor der Partner an die Reihe kommt.

Foto 46

Übung D (Fotos 47 und 48)

Diese Übung, bei der die Arme und die Brustmuskulatur gleichermaßen gekräftigt werden, erfordert vom stehenden Partner extremes Feingefühl. Deswegen sind Absprachen hinsichtlich der Dosierungen des Drucks enorm wichtig.

Sie liegen mit angewinkelten Beinen auf dem Rücken. Ihr Partner stellt sich mit dem Gesicht Ihnen zugewandt auf Höhe des Bauchnabels über Sie. Sie strecken in der liegenden Position die Arme in die Luft. Der stehende Partner beugt sich über Sie und stützt seine Hände in die Ihrigen. Nun drückt der Stehende ohne Gewalt gegen Ihren Widerstand Ihre Arme nach unten, bis Ihre Ellbogen fast die Unterlage berühren. Dabei atmen Sie beide tief aus. Sie verharren beide kurz in dieser Position, nehmen den Druck ein wenig weg und atmen ein.

Nun übernehmen Sie die führende Rolle aus der liegenden Haltung: Sie drücken gegen den Widerstand Ihres Partners dessen Hände nach oben, bis Ihre Arme fast ganz durchgestreckt sind. Dabei atmen Sie beide wieder tief aus. Nach 20maliger Wiederholung wechseln Sie die Positionen.

Foto 47

■ Variante 1

Sie bleiben beide in gerade beschriebener Position. Auf dem Rücken liegend strecken Sie jetzt beide Arme auf Brusthöhe nach oben. Der Abstand zwischen den Händen sollte etwa 80 Zentimeter betragen. Ihr Partner legt nun seine Handaußenflächen auf Ihre Innenseiten der Unterarme und versucht, wohldosiert und mit Gefühl Ihre Arme nach außen zu schieben, während Sie nach innen drücken. Ziel ist es, daß es Ihnen tatsächlich gelingt, die Arme langsam zusammenzuführen und der Partner nur den richtigen Widerstand dazu aufbaut. 20mal wiederholen und die Positionen dann wechseln.

■ Variante 2

Nun strecken Sie aus der liegenden Position wieder die Arme auf Brusthöhe nach oben und legen diesmal die Handinnenflächen gegeneinander – die sogenannte Gebetsposition. Sie drücken jetzt die Arme nach außen, während Ihr Partner Ihre Arme an den Ellbogen umfaßt hält und nach innen drückt. Wieder gehen Sie als »Sieger« hervor und schaffen es, gegen die Kraft Ihres Partners, die Arme nach außen zu führen. 20mal wiederholen und Positionen wechseln.

 Foto 48

Übung E (Fotos 49 und 50)

Zur Kräftigung der Innen- und Außenseite der Oberschenkel beim Liegenden und der Brust- und Rückenmuskulatur beim Sitzenden. Einer von Ihnen legt sich mit angewinkelten, etwa hüftbreit geöffneten Beinen auf den Rücken. Der Partner kniet zwischen den Füßen und legt seine Hände an die Außenseiten des Knies. Nun drückt der sitzende Partner gegen den Widerstand des liegenden dessen Beine zusammen. Sinn dieser Übung ist es, daß der Liegende es tatsächlich schafft, durch seine Kraftanstrengung die Beine nach außen zu führen. Das bedeutet im Klartext: Der sitzende Partner muß seinen Druck so wohldosiert einsetzen, daß dem liegenden seine Aufgabe weder zu schwer noch zu leicht fällt. Beide atmen im Moment der Belastung aus.

Nun erfolgt der Bewegungsablauf in umgekehrter Reihenfolge: Der sitzende Partner legt seine Hände an die Innenflächen der Knie und versucht, die Beine des liegenden auseinanderzuziehen, der einen massiven Gegendruck aufbaut, indem er versucht, die Beine zu schließen. Dabei ausatmen.

Wiederholen Sie die Übung 20mal. Dann wechseln Sie die Position.

Foto 49

■ Entspannung
Legen Sie sich beide auf den Rücken, schließen die Augen und atmen gleichmäßig tief ein und aus.

Anregung zum Weitermachen
An dieser Stelle endet zwar das Buch für Sie, liebe Leser, aber hoffentlich nicht mein Fitneß-Programm Minutengymnastik *easy*. Bleiben Sie nach der Lektüre mit dem gleichen Enthusiasmus wie beim Kauf am Ball und lassen Sie die Übungen zum festen Bestandteil Ihres Lebens werden. Sie werden sehen – und das kann ich Ihnen versprechen –, Minutengymnastik *easy* ist das ideale Training für den Alltag, um gesund, fit und schlank zu bleiben.

Allen Interessierten und Fortgeschrittenen empfehle ich neben meinem Buch »Ausdauertraining *easy*« (humboldt-Paperback 984) auch das Vierjahreszeiten-Programm »Fit, schlank und schön mit Gaby Just« (humboldt-Hardcover).

 Foto 50

Anhang

Literaturverzeichnis

Just, Gaby: Fit, schlank und schön mit Gaby Just, München 1996
kompakt & kompetent: Bürobics, München 1996
Letuwnik, Sabine, Bodytrainer Po und Beine, Reinbek 1993
Letuwnik, Sabine: Bodytrainer Brust und Arme, Reinbek 1993
Preibsch, Reichardt: Schon-Gymnastik, München 1991
Schäffer, Arne/Schmidt, Sabine (Hrsg.): Biologie, Anatomie, Physiologie, Neckarsulm 1996
Stephan, Horst: Körpergerechtes Muskeltraining, Niedernhausen 1995
Tittel, Kurt: Beschreibende und funktionelle Anatomie des Menschen, Stuttgart 1994
Wade, Jennifer: Personal Training, München 1995
Weineck, Jürgen: Sportanatomie, Erlangen 1991

Bezugsquellen

Sportbekleidung: adidas

Weitere Titel aus dem humboldt-Programm zum Thema:

Sport & Fitneß	**ISBN 3-581-**
Golf	*66947-1*
Das neue Bodyshaping	*66949-8*
Walking easy	*66971-4*
Inline-Skating/Rollerblading easy	*66972-2*
Stretching easy	*66979-X*
Box-Aerobic easy	*66980-3*
Ausdauertraining easy	*66984-6*
Fit, schlank und schön mit Gaby Just	*68500-0*
Fitneß-Package Gaby Just (Buch, Original-Gymnastikband, Gaby-Just-Workout-Musik-CD, Trainingsposter)	*68501-9*

Gesundheit & Medizin

Entspannung	
Autogenes Training	*66336-8*
Entspannungs-Training	*66430-5*
Entspannungstraining (Buch/Cassette)	*66809-2*
Selbsthilfe durch Autogenes Training	*66466-6*
Entspannungsgymnastik für Hals und Schultern	*66761-4*
Ayurveda – Entspannung für Körper und Seele	*66788-6*
Tai Chi easy	*66956-0*
Qi Gong easy	*66957-9*
Shiatsu easy	*66961-7*
Feldenkrais easy	*66962-5*
Wyda easy	*66963-3*
Bioenergetik easy	*66964-1*
Keine Macht dem Streß	*66982-X*

Gymnastik	
Schwangerschafts-Gymnastik	*66468-2*
Wassergymnastik	*66633-2*
Gymnastikball easy	*66973-0*
Gesichtsgymnastik easy	*66974-9*
Rückenschule easy	*66975-7*

Yoga	
Das ist Yoga!	*66082-2*
Yoga für Frauen	*66588-3*
Gesund mit Yoga	*66765-7*
Das große Yoga-Buch	*66943-9*
Yoga easy	*66955-2*

Minutengymnastik *easy* – Überblick*

- Das ideale Training umfaßt das 5- und das 15-Minuten-Programm. Minimum sollte aber immer das 5-Minuten-Programm sein.
- Beginnen Sie das 15-Minuten-Training niemals ohne ein Warm-up!
- Achten Sie auf eine gleichmäßige, ruhige Atmung. Niemals die Luft bei Anstrengung anhalten (Preßatmung)!
- Halten Sie sich strikt an die zeitlichen Vorgaben! Unter- und Überforderung des Körpers gefährden das gewünschte Ziel.
- Nur in Kombination mit einer bewußten, kalorienreduzierten Ernährung verlieren Sie Gewicht.
- Variieren Sie die Übungen nach Ihrem Geschmack – setzen Sie Schwerpunkte. Nur: Niemals über Tage hinweg immer nur eine Problemzone trainieren! Der Körper ist ein sinnvoll funktionierendes System, das ein allumfassendes Training braucht.

Minutengymnastik *easy* – wann und wie?

Das 5-Minuten-Programm schieben Sie immer dann ein, wenn Wartezeiten auftauchen, zwischendurch im Büro oder im Haushalt. Für das tägliche 15-Minuten-Training sollten Sie einen Organisationsplan mit festen Zeiten aufstellen. Der Einfachheit halber folgt knapp und kurz das Übungskonzept zum täglichen Gebrauch mit Seitenangaben zum Nachschlagen. Eine mögliche Kombination ist diese:

Warm-up	[Foto 10, Seite 47]
Rücken	[Foto 11, Seite 49]
Bauch	[Foto 16, Seite 55]
Schulter, Nacken, Brust, Arme	[Foto 25, Seite 65]
Po und Hüfte	[Foto 30, Seite 70]
Beine	[Foto 35, Seite 75]
Bauch, Teil 2	[Foto 38, Seite 78]
Partnerprogramm	[Foto 44, Seite 88]
	[Foto 48, Seite 92]

* zum Ausklappen oder Abtrennen, zum Aufhängen oder Mitnehmen

Foto 10

Foto 11

Foto 16

Foto 25

Foto 30

Foto 35

Foto 38

Foto 44

Foto 48